스물일곱,
나를 위해
떠나야 한다

스물일곱,
나를 위해
떠나야 한다

바리스타이자 회계사인 MZ세대 그녀의 월드 직장생활기

김지윤 지음

책엔

모두가 반대했던 길을
마음 가는 대로 걸어온 이야기

KPMG에? 이 꺼벙해 보이는 친구가, 생각보다 똑똑한 사람이 었구나. 입사 후 사원끼리 모인 회식에서 처음 그들의 이야기를 들었다. 유럽으로 건너온 지 어느덧 한 달, 그간 재택근무로 주에 한두 번이나 얼굴을 비치던 친구들의 이야기. 사내 메신저로 일을 주고받던 친구들의 개인사를 들었다.

"이 기업 감사로 나왔다가 스카우트 됐어. 좀 고민했는데, 계산해 보니 여기가 나을 것 같아서."

원래 업계의 Big 4는 연봉이 짜기로 유명하다. 업무량은 미친 듯이 많은데, 그에 비해 턱없이 부족한 연봉을 받는다. 대신 그만큼 배우는 것도 많아, Big 4에서 몇 년 고생하고 타 기업으로 이직하며 연봉이 뛴다는 이야기는 들었다. 이 친구가 딱 그런 케이스다. 다음 날, 옆자리에 앉아 있던 친구가 말했다.

"MBA 마치고 엑센추어*Accenture*에서 일했어. 그러다 여기로 이직했지."

응? 얘도? 알고 보니 내가 소속된 이 팀은 이 분야 전문가들의 집합체였다. 어쩐지, 다들 말을 너무 잘한다 싶었다. 유럽에서의 삶은 대체로 내가 상상했던 그대로다. 어떻게 이걸 하나하나 박아 넣었을까 싶은 벽돌 길, 100년 넘게 유지된 파스텔톤 건물들 사이로 파란 하늘이 보이는 도시. 아무리 둘러봐도 동양인을 찾기 힘든, 상상하던 그 모습 그대로의 거리.

다만 다른 점이 있다면, 사월에도 눈이 내리는 북유럽 날씨와 순박하고 따듯한, 맹해 보이지만 똑똑하고 농담을 좋아하는 사람들. 호주, 한국, 일본과는 또 다른 정서와 매력이 있다.

해외 생활 8년 차, 대학을 자퇴하고 호주로 떠나며 시작된 20대는 이제 유럽에서 그 끝을 바라보고 있다. 영어 울렁증에 시달리던 내가, 고액 연봉을 받으며 그들과 실없는 농담을 주고받게 되기까지의 짧은 여정. 방황하던 20대, 모두가 반대했던 길을 마음 가는 대로 걸어온 이야기다.

그때의 나처럼 확신 없이 방황하는 이들에게, 지금의 나처럼 꿋꿋이 자신의 삶을 그려가는 사람들에게 잠시나마 소소한 재미와 응원을 전하고 싶다.

2022년 5월

김지윤

목차

Chapter 1

지금이 떠날 때

Chapter 2

브런치의 도시, 멜버른의 유학생

Chapter 3

발자국을 찍어 길을 만들다

Chapter 4

그래도 여행은 계속된다

Chapter 1

지금이 떠날 때

MZ세대의
방랑벽

습관처럼 핸드폰을 든다. 배달 앱을 켠다. 메뉴를 구경한다. 배가 고픈 건 아니다. 그냥 심심할 뿐이다. 아니지, 커피를 사러 나갈까. 아니, 오늘은 나가기에는 너무 추운 날씨다. 며칠 전, 회사원 하나가 코로나 확진을 받으며 다 같이 재택근무에 돌입했다.

처음에는 정말 좋았다. 재택근무라는 이야기만으로 신이 났다. 집에서 일하고, 밥 먹고, 혼자서 마음껏 자유로운 모습으로 편안하게 일할 수 있다니, 얼마나 근사한 일인가. 하지만 나는 일주일도 채 지나지 않아 갈증을 느꼈다. 언제까지 집에 있어야 하는 거지?

너무 심심하다. 곧 이직하는 마당에 재택근무를 하는 건 정말 더할 나위 없이 편하지만, 심심한 것만은 어쩔 수 없다. 평소 같

지금이 떠날 때

으면 생소한 온라인 강의를 듣거나, 자격 공부라도 하며 시간을 때우겠지만, 곧 떠나는 마당에 시험을 등록할 수도, 수강을 시작하기도 애매하다.

　－띵.
'The tracking no. is 9284 23xx xxxx.'

　좋아. 이걸로 가장 귀찮은 일은 해결됐다. 이제 금요일에 서류를 받아 대사관으로 부치기만 하면 된다. 그럼 적어도 다음 주에는 아포스티유*Apostille*(회원국 간의 학위 공증 제도)를 받을 수 있다. 이거 하나 받겠다고 벌써 20만 원이나 썼다. 국립대를 나왔더라면 아니, 호주에서 떠나올 때 미리 Public Notary(문서의 국제 공증)만 받았어도. 한국에서도 요구하지 않던 것을, 설마 유럽에서, 그것도 이민성에서 요구할 줄은 몰랐다.
　얼마 전, 유럽으로의 이직을 결정한 나는 연봉협상을 마치고 HR*Human Resource*(인사부)의 안내를 받아 필요 서류를 구비하기 시작했다. 그런데 목록에서 눈에 띈 조건.

　'아포스티유 인증을 받은 관련 학위.'

이미 친구들의 이야기를 익히 들어 알고 있었다. 해외 학위를 가지고 취직할 때 이 인증을 요구하는 경우가 꽤 있는데, 대행사를 통하면 50만 원, 자기가 알아서 하면 20만 원이라는 이야기. 사립대를 나온 덕에 국제 공증을 받아 돈이 더 들었다. 처음 한국인 Public Notary에 전화했을 때는 깜짝 놀랐다. 대행업체를 쓰는 것도 아닌데, 이래저래 50만 원을 달라 요구했기 때문이다.

'하, 누굴 호구로 아나.'

외국에 가면 한국인을 조심하라 했던가. 그 말이 딱 맞다. 한국인이 부르는 값이 제일 비싸다. 나는 구글에 쳐서 나오는 멜버른 도시 한복판에 평점이 좋은 변호사 사무실에 전화를 걸어 의뢰를 맡겼다. 공증에 국제 운송까지 다 합해서 20만 원을 불렀다. 대체 얼마나 남겨 먹으면 두 배를 부를 수 있지? 나도 한국인이지만, 외국에서는 같은 한국인을 특히 조심해야 한다.

'Thank you, you're the best.'

대충 답장을 보내고 다시 일에 집중한다. 개인 용무를 아무 때나 눈치 없이 볼 수 있는 건 재택근무의 큰 장점이다. 한두 시간이

지금이 떠날 때

더 지나니 배가 고프다. 아, 아까 주문하다 말았지. 요즘은 하나를 하면 하나를 까먹는다. 중요한 일은 아니지만, 덕분에 끼니를 거르거나, 내가 뭘 하려 했더라? 하는 의문에 휩싸인다. 깊게 고민하지는 않는다. 중요한 일이면 했겠지.

외투를 입고 편의점으로 향한다. 배달을 기다릴 수 없다. 지금 당장 무언가를 입에 넣고 싶다. 그래, 컵밥을 사야겠어. 미역국밥이나 먹을까. 그런데 웬걸, 컵밥이 4,800원이다. 이해가 안 된다. 즉석식품 주제에 구내식당보다 비싸다. 고작 물 부은 미역과 밥을 먹자고 그 돈을 쓸 수는 없다. 저쪽에 있는 훈제 닭 다리를 집어 든다. 4,000원. 커다란 고기가 들었는데, 가격은 더 저렴하다. 그래, 너로 정했어. 내친김에 식후에 먹을 커피도 산다. 스타벅스보다 2,000원이나 싸다. 뿌듯하게 편의점을 나온다. 요즘 돈을 절약하는 게 재밌다. 고작 몇천 원 아꼈을 뿐인데 뿌듯하다.

드라마를 보며 밥을 먹는다. 일은 이미 아까 다 했다. 오늘은 일본이 공휴일이라 할 일이 별로 없다. 내 직속 상사는 일본인이다. 보스도 일본인이다. 모두 일본에 있다. 본래 나도 일본에 있어야 하지만 코로나 덕분에 차일피일 미루다 벌써 반년이 지났다. 이제 겨우 국경이 풀리나 싶던 차, 스카우트 제의를 받았다. 갈 생각은 없었다. 연봉을 듣기 전까진. 어차피 돈 벌자고 다니는 회사, 연봉이 다는 아니지만, 연봉은 중요하다.

MZ세대에게 연봉은 모티베이션의 50%를 차지한다고 한다. 전부는 아니지만, 대부분을 차지한다고 봐도 과언이 아니다. 높은 퇴사율을 보여주며 이직을 자주 한다고 알려진 MZ세대, 그중에서도 나는 국적과 나라를 안 가리고 이직하는 이른바 방랑벽이 심한 MZ세대다. 호주에서 한국, 일본, 유럽. 할 수 있는 언어는 세 개, 곧 네 개가 될 예정. 직업은 회계사.

내가 돌아온
이유

한국에 온 지도 이래저래 2년이 다 되어간다. 그래도 코로나 덕에 생각보다 오래 머무른 편이다. 스무 살에 홀로 한국을 떠난 후 호주에 정착해 회계사로 일했다. 넉넉한 연봉, 넘치는 복지와 혜택을 누렸다. 하지만 다 걷어차고 다시 한국 땅을 밟았다. 내 나이 스물일곱. 아직 복지국가에 안주하며 평안한 삶을 꿈꾸기는 아깝다. 내 젊음이, 가능성이 아깝다. 아직 하고 싶은 것도 많은데, 안 가본 곳도 많고, 무엇보다 아직 내가 원하는 삶을 찾지 못했다. 아직 멈출 수 없다. 그렇게 한국에 들어왔다. 그리고 백수가 되었다.

아니, 난 여자니까 백조. 이름도 예쁘다. 고작 재택근무에 심심해하는 나지만, 백조는 좋았다. 종일 게임하고 드라마 보고 책 읽고 공부하며 지냈다. 이게 얼마 만에 느껴보는 자유란 말인가. 경제적인 활동에서 완전히 벗어난 자유, 사회인의 방학. 휴가랑은 다르다. 돌아갈 곳이 없으니까.

그렇게 3개월이 흘렀다. 슬슬 눈치가 보인다. 부모님은 이제 애가 완전히 사회를 등진 게 아닐까 걱정하시는 듯하다. 마침 더 놀기도 슬슬 지겨웠던 참이다. 다시 일해야 할 때가 왔다. 영어 강사로 등록해 아이들을 가르치기 시작했다. 아이도 제각각이지만, 엄마도 제각각이었다. 반년 정도 지속했다. 슬슬 목이 아파온다. 많은 선생은 성대결절이 오거나, 목에 무리가 간다. 하루 몇 시간을 큰 소리로 쉴 새 없이 말해야 하니 어쩔 수 없다.

목을 덜 쓰는 일을 해야겠다. 다음은 중견기업의 해외 영업 재무 분야로 취직했다. 그리고 깜짝 놀랐다. 일이 너무, 지나치게 쉬웠다. 재무관리를 하며 수금을 위해 미국, 멕시코 사람들과 메일을 주고받는 게 전부였다. 나는 한 달 만에 완벽히 적응했다. 그리고 석 달 만에 그만두었다. 이 포지션은 발전의 기미가 없었다. 더 올라갈 곳이 없었다. 배울 것도 없었다. 할 일이 없으니 생각이 많았다. 나는 여기서 무얼 하고 있나, 하는 생각.

그리고 지금 일하는 일본 기업으로 이직했다. 일본어라는 새로운 장벽이 생기니 배울 것도, 할 것도 많았다. 메일 쓰는 것부터, 보고서, 한자 등등 직접적인 업무 외에도 새로 알아야 할 것들이 가득했다. 재밌다. 적응하는 데 3개월이 꼬박 걸렸다. 일본어 자격도 취득했다. 업무에 필요한 요건을 갖추고 나면 업무가 편해진다. 복지도 좋았다. 업무 강도도 적당했다. 특별히 불만은 없었다. 그런데 문제가 생겼다. 코로나 바이러스가 퍼지면서 일본에의 입국이 점점 미뤄졌다. 다른 곳들은 이미 위드 코로나*with Covid-19*를 선언하며 국경을 개방하는데, 일본은 점점 더 국경을 폐쇄하고 외국인을 배제했다. 한국에서 업무를 보는 건 한계가 있다.

그렇게 반년 정도 지났을 때, 이직 제안을 받았다.

– 대기업 유럽 지사, 회계 포지션.

그러고 보니 코로나 덕에 유럽 여행도 못 갔는데. 요즘 유럽 국가들은 서로 국경을 개방하고, 코로나 패스가 없어도 여행이 가능하다는 이야기를 들었다. 여행하기 좋을 것 같다. 당연한 이야기지만 연봉도 높았다. 돌고 돌아 다시 회계사가 되었다.

나의 이직 소식을 들은 사람들은 두 가지로 반응이 나뉘었다. 첫 번째, '쉽지 않을 거야.' "쉽지 않을 거야. 영국도 쉽지 않았는데, 유럽이라니. 대기업이 돈을 많이 주는 건 다 이유가 있어."

두 번째, '괜찮을 거야.' "나는 거길 뛰쳐나왔는데, 너는 들어가는구나. 그래도 외국이니까 괜찮지 않을까?"

나는 중립이었다. 대기업이 돈을 많이 주는 데에는 이유가 있다. 그만큼 업무 강도도 세고, 때때로 야근도 해야 한다. 다만 이 직업에 한해서는 특별할 게 없다. 어느 나라에 회계사나 업무 강도는 다 세다. 모든 나라는 회계연도 마감이 있고, 분기별 신고를 한다. 어느 나라에서 회계를 하든, 바쁜 시기에는 야근을 한다. 하물며 그 느긋한 호주도 예외는 아니었다. 중요한 건 그 외적인 삶이다. 업무 외에 삶에서 무엇을 얻을 수 있는가.

오지Aussie 회계사의 하루

북적이는 터미널을 지나 내가 근무하는 익스체인지 타워 *Exchange tower*에 들어섰다.

"Wait! I'm in! (잠깐! 저도 탈 거예요!)"

깜짝 놀란 남자가 리프트*lift*(엘리베이터)를 잡아주었다. 큰 키에 금발머리를 가진 그는 커다란 개 한 마리를 데리고 있었다. 그와 같은 금색 털을 가진 윤기가 좔좔 흐르는 개는 고급스러워 보였다.

"Thanks, you saved me. Is that your dog? (고마워요. 덕분에 살았네

요. 당신의 개인가요)"

"No, it's our office dog. He is our mascot. (아니요, 사무실에서 키워요. 우리의 마스코트죠)"

그가 내리고 나도 곧 12층에 당도했다. 숨을 고르며 오피스 문을 열고 들어섰다. 8시 28분. 안 늦었군.

"오~ 아슬아슬했네요. 커피?"
"네, 가시죠."

나는 컴퓨터 전원을 켜고 동료들과 다시 아래로 향했다. 멜버른은 브런치의 도시라 하지 않던가. 그만큼 커피도 유명했고, 사람들은 언제나 커피를 마셨다. 매일 아침 커피를 사러 가는 일은 회사에서 가장 먼저 하는 일과였다.

"오늘은 어디로 갈까요?"

우리는 잠깐 고민하다 결국 늘 가던 곳으로 걸음을 옮겼다. 엑슬 커피 로스터 *Axil Coffee Roaster*는 인테리어도 예쁘고 커피도 꽤 맛있는 커피숍이다. 아주 내 취향은 아니었지만 각자 다른 커피 취향을 가진 우리가 합의를 보고 가장 자주 방문하는 곳이었다.

롱 블랙에 헤이즐넛 추가해주시고, 라테 두 잔이랑 소이 플랫화이트는 연하게 해주세요. 아, 아이스 라테도 하나 주시고요. 네, 아이스크림 없이 얼음만. 그리고 커피가 나올 때까지 얘기를 나누며 기다렸다. 퇴근 시간 다음으로 가장 좋아하는 시간이다. 땡땡이치는 기분이랄까.

"Five coffees for Lia? (리아, 커피 다섯 잔 나왔습니다)"

우리는 각자 커피를 가지고 다시 리프트에 올랐다. 커피를 마시며 자료를 정리한 뒤, 회의가 시작됐다. 회의는 보통 하루에 한 번, 많으면 세 번까지 있었다. 때로는 멜버른 지사만, 때로는 시드니 지사와 함께 유선상으로 회의가 진행되기도 했다. 어느 회사나 그렇듯 대게는 내 업무와 관련 없는 내용이 오갔다. 굳이 들을 내용은 없는데, 또 빠지면 서운하단 말이지. 오늘은 또 대표이사의 말이 길어졌다. 아, 오전에 해야 할 일이 많은데. 그런 생각을 할 때쯤, 우리를 보며 말했다.

"멜버른 쪽은 할 일 많죠? 그만 빠져도 괜찮아요."

이런, 마음을 읽었나. 우리는 방긋 웃으며, 그럼 먼저 가보겠습니다 하고 분주하게 회의실을 나와 자리로 돌아왔다. 한 시간 좀 더 됐나. 아무래도 회의는 묘한 긴장감이 있어 피곤하다.

그제야 나는 메일을 확인하고 해야 하는 업무를 솔팅*sorting*하기 시작했다. 관리하는 사업체의 간단한 페이롤부터, 사업자등록, 은행 구좌 계설, 세금 계산, 부동산 관리까지 정말 관련된 업무는 끝이 없다. 게다가 호주 특유의 느긋한 페이스는 안 그래도 그득한 나의 업무를 더 답답하게 만들었다. 가끔은 정말 답답해서 한 번쯤 사리가 나오지 않을까 싶을 정도였다.

한번은 이런 일이 있었다. 고객사의 카드 기계를 교환하며 기존의 제품을 회수해달라는 요청을 한 적이 있었다. 당시 3월에 휴가를 낼 계획이었던 나는 2월 초에 제품 회수를 요청했다.

"We can pick it up in two weeks. (2주 안에 회수해드리죠)"

하지만 그들은 약속한 기간에 나타나지 않았다. 회수를 기다리는 기계는 늘어갔고 사무실에 쌓여갔다. 다시 은행에 전화를 걸었다. 아니, 왜 안 오는 거죠? 2주 안에 온다면서요. 그러자 전화를 받은 남자는 태평하게 말했다.

"제가 담당이 아니라서요. 잠시만 기다리세요. 확인해드리죠.
… 빠르면 다음주에 회수할 수 있을 것 같습니다."

한숨이 나왔다. 이럴 줄 알고 미리 조정했건만, 기간이 또 늘어났다. 게다가 '할 수도 있을 것 같다?' 결국 휴가 기간과 겹친 것도 모자라 확실하지 않은 저 투는 또 뭔가. 아니 왜 저리 당당해? 이런 생각에 어이가 없고 한숨이 나왔다. 나는 마음을 가라앉히고 말했다. 그럼 그때는 꼭 회수해주세요. 그리고 휴가 전, 동료에게 회수 건을 부탁하고 휴가를 떠났다. 하지만 휴가에서 돌아왔을 때, 나는 다시 은행에 전화를 걸어야 했다.

"언제 올 수 있나요?"

한숨을 삼키며 말을 이어갔건만, 그의 대답은 가관이었다.

"Maybe in two weeks. You should wait. (아마 2주 안에 갈 수 있을 거예요. 당신은 기다려야 합니다)"

너무 어이가 없어서 헛웃음이 나왔다. 지금 나랑 장난하는 건가? 결국 소위 말하는 지랄을 하기로 했다. 나는 수화기를 붙잡고 좀

무례하다 싶을 정도로 따지기 시작했다. 내가 처음 문의한 시점부터 그들이 한 약속, 연장, 또 연장, 그 모든 과정을 하나하나 짚어가며 내가 화가 날 수밖에 없는 이유를 최대한 억누르지 않고 설명했다. 결론은 지금 나랑 장난하냐는 얘기였다. 그는 조금 당황한 듯하더니, 매니저와 이야기해 보겠다며 잠시 기다려 달라고 했다. 그리고 곧 돌아와 다음 주 초에 가지러 간다고 말했다.

전화를 끊고 숨을 돌렸다. 너무나 뻔뻔한 태도에, 나도 모르게 흥분하고 말았다. 진정하고 주위를 둘러보니 다들 나를 쳐다보고 있었다. 나는 큰 소리를 내어 미안하다고 나를 보던 직원들에게 말했다. 아니, 그런 모습이 있는 줄 몰랐어요. 가끔 그렇게 화도 내줘야 해요. 걔들도 일이 많다 보니, 손 놓고 있으면 언제 끝날지 모르거든요. 그들은 웃으며 말했다.

기계는 바로 다음 날 픽업 되었다.

지금이 떠날 때

그곳에서는 평일 점심에 스테이크를 먹는다

커피를 마시고 회의를 마치고서야 업무에 돌입하는 오전은 금방 지나간다. 사실 회의가 길어지는 날은 열한 시나 되어서야 일을 시작할 수 있다. 그러다 보면 금세, 정오가 된다. 그러면 누군가 말한다.

"점심 먹죠."

보통 그날 한가한 사람. 아니, 덜 바쁜 사람이다. 직급, 선후배 상관없이 보통 가장 먼저 시간을 확인하는 사람이 말한다. 말이 끝나기가 무섭게 모두가 자리를 털고 일어난다. 기지개를 켜는 사람도 있다. 가끔 정말 바쁘면 밥을 거르기도 한다. 정시에 퇴근하기 위함이다. 우리는 다 같이 리프트를 타고 내려간다. 그리고 각자 먹고 싶은 쪽으로 간다. 의견이 맞으면 같이 가고, 안 맞으면 따로 먹는다.

한국과 외국 생활의 큰 차이 중 하나는 역시 식생활이다. 한식을 좋아하는 나로서는 그래도 꽤 열심히 한식을 찾아 먹었다 생각했지만, 돌아보면 나의 주식은 역시 스테이크였다. 스테이크용 고기를 쉽게 구할 수 있는 곳이기도 했지만, 굳이 내가 사 먹지 않더라도 스테이크를 먹을 일이 많았다. 커피, 와인, 스테이크. 호주에 살면서 가장 많이 먹은 음식을 꼽자면 이 세 개가 아닐까?

나라를 막론하고 직장인들의 가장 큰 관심사는 점심 메뉴다. 하루 중 제일 많이 하는 생각이 그 사람을 지배한다는 말이 있는데, 늘 무엇을 먹을지 생각하는 우리의 하루는 얼마나 무료한 걸까. 그러다 결국 색다른 메뉴를 찾지 못한 채, 가까운 곳에서 점심을 해결하게 되리라.

지금껏 호주와 한국에서 약 다섯 군데의 회사에 다녔다. 보통 점심시간은 한 시간, 짧으면 30분, 가장 길었던 곳이 한 시간 반이었다. 사내 식당이 있으면 주로 그곳을 이용했고, 사내 식당이 없으면 보통 푸드코트가 있었다. 사내 식당에서 무료로 제공하는 곳, 비교적 저렴한 가격으로 사 먹어야 하는 곳, 자기가 알아서 해결해야 하는 곳도 있었고, 원하는 메뉴를 뭐든 사주는 곳도 있었다.

어카운팅 펌에서 근무하며 나는 거의 매일같이 두 잔의 커피와 한 끼를 먹었다. 매일 아침, 같은 사무실을 쓰는 직원이 모두 출근하면 다 같이 커피를 사러 내려갔다. 보통 아침 9시쯤 회의가 있었고, 커피를 마시며 회의가 진행되었다. 모두의 커피 취향도 자연스럽게 알게 되었다. 그리고 정말 놀랍게도 한 사람도 같은 커피를 마시지 않았다. 소이 플랫 화이트*soy flat-white*, 카푸치노에 설탕 두 개, 헤이즐넛 아메리카노 등 정말 단 한 사람도 취향이 겹치지 않았다.

그러다 보니 한국에서 일할 때는 깜짝 놀랐다. 처음 커피를 주문할 때 일일이 취향을 물었지만 모두 같은 대답이 돌아왔던 것이다.

"저는 아아(아이스 아메리카노)요."

이렇게 간단할 수가! 다음부터는 그냥 인원수대로 아아를 주문했다. 아마도 커피의 차이가 가장 크지 않았나 싶다. 호주는 산미가 강한 커피를 많이 사용하고, 화이트 커피*white-coffee*(우유가 들어간 커피)가 유명하다. 카페에서 2년을 넘게 일하면서 사람들이 가장 많이 시키는 메뉴는 당연 라테, 그다음이 플랫 화이트와 카푸치노였다.

한국에서 아아를 무더기로 주문하며, 한국 카페에서 일하는 건 좀 수월하지 않을까 하는 생각도 했다. 그렇다고 그게 한국인의 특징이냐 생각하면 그건 아니다. 멜버른에 있는 한국인들 대부분은 자기 취향의 화이트 커피를 알고 있다. 맛의 차이도 있겠지만, 아아를 마시는 것 역시 한국의 문화가 아닐까?

언제나 그런 건 아니었지만, 대부분 커피는 선임이 법인카드로 결제했다. 한번은 얻어먹기만 하는 게 미안해 내가 결제하려 하자, 선임이 말했다.

"굳이 돈 쓰지 마요. 혹시 같이 갈 사람이 없어서 돈 주고 사 먹게 되면 회사에 청구하고."

물론, 이건 당연한 복지는 아니었다. 하지만 회사가 내는 건 아니더라도, 보통 선임이 커피를 사주는 문화는 관례처럼 호주에 있는 여러 회사에서 행해졌다. 마찬가지로 사회 초년생이었던 친구들은 취직한 이후 회사에서 돈 주고 커피를 사 먹은 적이 없다고 할 정도였다.

점심도 다르지 않았다. 한 시간이라는 제한이 있기는 했지만 조금 멀리 있는 곳에서 밥을 먹느라 한두 번 시간을 어긴 것에 까다롭게 구는 사람은 없었다. 오히려 내가 시간을 걱정하면 '걱정하지 말고 천천히 먹어도 돼'라며 안심시켜 주고는 했다.

점심으로 가장 많이 먹었던 메뉴 중 하나는 스테이크. 그중에서도 나는 안심 스테이크를 많이 먹었다. 회사 길 건너편에 조금 큰 양식 레스토랑이 있었는데, 날이 좋을 때면 그곳에서 스테이크와 레몬라임비터*Lemon Lime Bitter*(칵테일 부류의 탄산음료)를 먹었다. 그 밖에도 쌀국수, 스시, 국밥 등을 찾아 먹었지만, 한식을 먹으려면 꽤 오래 걸어야 했기에 그리 만만한 메뉴가 아니었다. 그에 비해 브런치나 스테이크는 모퉁이만 돌면, 길만 건너면 그곳에 있었다.

날이 좋을 때면 문을 환하게 열고 햇볕을 받으며 고기를 썰 수 있는 그곳은 회사에서 가장 많이 가는 단골집이었다. 각 부위의 스테이크와 먹물 파스타, 그리고 피자와 와인이 맛있는 그곳은 호주에 있는 여러 양식 가게처럼 바와 식당을 동시에 운영했다. 카운터에는 몇 가지의 탭 비어*tap-beer*(생맥주)가 있었고, 간단한 칵테일과 위스키, 와인을 취급했다. 물론 점심에는 술을 먹을 일이 없었지만, 내가 좋아하는 레몬라임비터는 칵테일을 취급하는 곳에서만 마실 수 있는 음료였다.

레몬에이드와 비슷한 맛이 나면서도 적당히 달고 톡 쏘는 시원한 청량감이 있어, 기름진 음식을 먹을 때면 늘 이 음료를 찾았다. 한국에 돌아와서 다시 볼 수 없었던 이 음료는 비터라는 붉은색의 리큐류를 끝에 살짝 넣어 만드는 무알콜 칵테일이라고 했다. 가끔 초록 병에 'Lemon lime bitter'라고 쓰인 음료를 볼 수 있는데, 초록 병에 담긴 그것과는 아주 다른 맛이라는 걸 밝혀둔다. 나의 최애 음료였다. 오세아니아에 나갈 일이 있다면 꼭 마셔보시길!

한국에서 밥과 면이 가장 흔한 것처럼, 호주는 스테이크와 치킨 파마*Chicken Parma*(튀긴 닭가슴살에 토핑을 한 음식)가 가장 흔했다. 가끔 호주의 음식이 Fish&chips라고 하는 사람들이 있는데, 사실 가장 대중적인 음식은 아니었다. 하지만 스테이크는 웬만한 음식점에 항상 있었고, 나의 주식이 되었다.

점심에는 스테이크와 레몬라임비터를, 저녁에는 스테이크와 와인을 먹었다. 적어도 3일에 한 번, 많게는 하루에 두 번도 먹었던 것 같다. 물론 사 먹는 스테이크는 그리 저렴한 가격이 아니었지만, 내가 내는 것도 아닐뿐더러, 다른 음식이라고 특별히 싸지도 않았기에 가격 측면의 거부감은 없었다.

게다가 스테이크용 고기를 집에서 구워 먹는 건 아주 흔하고 아주 쉬운 요리였다. 한국 마트에서 불판 구이용 고기를 파는 것처럼, 호주 마트에서는 어디에서나 스테이크용 고기를 팔았다. 부위별로 가격은 달랐지만 나는 주로 oyster blade fillet(부챗살)과 scotch fillet(등심)을 사 먹었다. 부챗살은 주로 깍뚝 썰어 찹스테이크로 해 먹고, 등심은 그대로 스테이크로 구워 먹었다. 둘 다 1킬로그램에 30불, 약 2만 5천 원이면 구할 수 있었고, 조리하기도 너무너무 간편했다. 게다가 유통기한이 다가와 세일을 할 때는 더 싼 가격으로 구입할 수 있었다. 그리고 장담하건데, 훨씬 맛있다. 굳이 비교하자면 한국에서 먹는 아웃백 스테이크와 비슷한 맛이다. 그런 두꺼운 육질의 고기를 아무 마트에서나 구할 수 있는 곳이었다. 마트가 이러한데 고급 레스토랑은 어떤가.

그렇다 보니 오히려 스테이크보다 구워 먹는 한국식 구이가 훨씬 비싸게 느껴졌다. 한국 식당이나 한국 정육점을 찾아가야만 살 수 있었고, 가격도 만만치 않았다. 호주에서 고기를 구워 먹는다면, 여자 둘이서 배부르게 먹지 않아도 10만 원은 쓸 각오를 해야 한다. 그에 비해 스테이크는 잘만하면 3, 4만 원에 둘이 배불리 먹을 만큼 의 고기를 구할 수 있다.

가끔 한국식 불판 고기가 그리워 찾아 먹기는 하지만, 역시 주식은 스테이크였다. 한국에 돌아온 지 얼마 되지 않았을 때, 아무 생각 없이 동네 가게에서 스테이크용 고기를 샀다가 경악을 금치 못 했던 기억이 있다. 내가 고기를 잘 못 골랐기 때문일 수도 있지만, 호주 아무 마트나 들어가서 아무 스테이크용 고기를 짚어서 먹어보 면 바로 알 것이다. 내가 한국에서 스테이크를 구워 먹지 못하게 된 이유다.

호주에도
회식 문화가 있다

평일 퇴근 시간까지 절대 야근하지 않겠다는 일념으로 일하는 사람들. 그렇기에 정말 비상 사태가 오지 않는 이상 정시에 퇴근한다. 다만, 직업상 어쩔 수 없이 바쁜 시기가 있다. 최악의 경우 책임자 한두 명은 어쩔 수 없이 야근하는 시기. 그런 시기에는 정말 서류와 모니터를 보며, 매일 혹사당하는 내 눈이 빨리 실명하지 않기를 기도한다. 그런 바쁜 시기를 무사히 지나가면 어김없이 회식이 열린다. 다만 한국에서 생각하는 회식과는 조금 다르다.

이런 날은 회사 문을 조금 더 일찍, 네 시쯤 닫고, 다 같이 레스토랑으로 향한다. 각자 먹고 싶은 메뉴를 시켜 먹고 싶은 만큼 먹고, 가고 싶을 때 간다. 메뉴는 언제나 비슷하다. 파스타, 피자, 스테이크. 술은 언제나 와인과 맥주. 소주는 없다. 우선 취급하는 레스토랑이 없다. 한국 식당이 아니면 찾을 수 없다. 하지만 와인과 맥주는 어디에나 있다. 그중에서도 나는 늘 와인을 골랐다.

호주에서 나를 본 대부분의 친구들은 아직도 내가 매일 와인을 한 병씩 까더라는 오해를 가지고 있다. 그 정도로 거의 매일 와인을 즐겼다. 와인을 좋아하는 건 사실이다. 하지만 그들이 생각하는 것만큼의 알코올 중독은 아니다. 다만, 한국에서 접하기 어려운 와인의 풍미를 같이 즐겼으면 하는 마음에 누가 올 때마다, 좋아하는 와인을 하나둘 권하다 보니 그런 오해가 생겼다.

호주의 주류는, 특히 와인은 아주 훌륭하다. 호주 국내에서 생산하는 와인도 물론 나쁘지 않지만, 한국에서 보기 힘든 다양한 수입산 와인을 취급하고 있었다. 무엇보다 조금 큰 편의점이면 어디든 '주류 섹션'이 따로 있었고, 원하면 언제든 원하는 술을 살 수 있었다. 5천 원짜리부터 몇십만 원까지 다양한 가격대의 다양한 품종의 와인을 언제나 쉽게 구할 수 있다는 건 와인을 알아가기에 최적의 환경이었고, 나도 예외는 아니었다.

처음 와인을 알려준 건 그 남자였다. 아직 첫 학기를 보내며, 정신없이 유학생으로 자리 잡아가던 시절이었다. 학기 말, 이제 좀 수업에 익숙해졌다 싶을 때 보이기 시작한 그는 조금 그을린 듯한 피부에 긴 머리를 곱게 말아 올린, 단정한 듯 화려한 외모의 남자였다.

큰 키와 화려한 외모도 있었지만, 학기 말 프레젠테이션에서의 그를 또렷이 기억한다. 뭐랄까. 단순히 영어를 잘한다기보다 말을 잘하는 느낌. 아시아인 특유의 외모와 가지런한 억양을 가졌기에 유학생이라 짐작했지만, 그의 영어는 꼭 한국의 아나운서가 말하듯 가지런하고 또렷했다. 거기에 단 일말의 떨림이나 긴장이 느껴지지 않는 능숙함. 첫 학기를 보내며 아등바등하던 내게는 너무나 이상적인 모습이었다. 나도 저렇게 할 수 있다면. 그 후, 나는 수업에 들어오면 늘 눈으로 그를 찾았다. 그러다 수업이 끝날 때쯤, 그가 한국인이라는 걸 알고 자연스럽게 그와 친해질 수 있었다. 그리고 가끔 시간이 맞을 때 종종 같이 저녁을 먹었다.

　　한번은 당시 내가 근무하던 카페 옆 호텔이라는 이름의 레스토랑을 찾았다. 그는 익숙한 듯 메뉴를 쓱 보고는 내게 물었다.

　　"뭐로 할래요?"

　　당시만 해도 영어가 능숙하지 않았던 나는 온통 영어로 가득한 메뉴 앞에 무엇을 택해야 할지 몰랐다. 스테이크 종류가 이렇게 많았던가. 나는 머뭇거리며 말했다.

　　"어, 뭘 먹어야 할지 모르겠어요."

눈치를 챈 걸까? 그는 몸을 살짝 낮추어 나를 보며, 메뉴를 하나하나 짚으며 말했다.

"Oyster, 부채살이고요. Scotch, 등심, Eye fillet, 안심입니다. 선호하는 거 없으시면 Scotch나 Eye fillet으로 드셔보세요."

그럼 안심으로 할게요. 그러자 그는 스테이크를 먹으니 와인도 한잔하겠냐고 물었다. 당시까지만 해도 와인에 대한 기억은 어릴 적 부모님이 마시던 와인을 한 모금 먹고 떫어서 뱉은 기억밖에 없던 나는 와인을 마셔본 적이 없다고 솔직히 말했다. 그러자 그는 다른 종류의 레드 와인 두 잔을 주문했다. 피노 누아는 물같이 맑고 점도가 낮은 와인이었다. 찰랑찰랑 흐르고 가벼웠다. 나는 그의 권유에 따라 향을 살짝 맡았다. 어라, 향긋한데? 그리고는 피노누아를 먼저 한 모금 마셨다. 어릴 적 떫은 와인의 맛을 기억하던 나는 조금 놀랐다. 향긋한 과일 향이 나는 피노누아는 마시기 무척 편했다. 나는 놀라움을 감추며 말했다.

"이 정도면 마실 수 있을 것 같아요."

그러자 그는 이번에는 멜롯을 권유하며 둘 중 더 맛있는 걸 마시라고 했다. 멜롯은 피노누아보다 점도가 높아 조금 묵직하고 끈적해 보였다. 빙글빙글 돌리면 아름다운 바이올렛 곡선이 잔에 남아 천천히 흘러내렸다. 나는 멜롯도 한 모금 마시고는 할 말을 잃었다. 그는 가만히 나를 보다 말했다.

"맛있죠? 그럼 이걸로 먹어요. 멜롯을 좋아하면 나중에 시라즈도 한번 먹어봐요. 와인은 마실 일이 종종 있으니 자기 취향을 알아두는 게 좋아요."

그 후로 나는 종종 와인을 마셨다. 여자들끼리 파티를 하면 로제Rose나 샴페인 같은 스파클링 와인Sparkling Wine을 마셨고, 회식 때도 늘 파스타나 스테이크에 와인이 함께했다. 좋은 일이 생기면 몇백 불짜리 샴페인을 따고, 누군가를 방문할 때면 항상 와인을 선물로 가져갔다. 이곳에서 와인은 사회생활에 필수적인, 생활의 한 부분이었다.

또 와인은 품종, 원산지, 보관법에 따라 그 맛이 천차만별로 변했다. 신기하게 두어 잔만 마셔도 기분 좋은 취기가 올라왔고, 스르륵 잠이 들었다. 그 잔은 또 얼마나 예쁜지! 투명한 와인 잔은 목이 길고 얇으며, 아름다운 곡선을 가지고 있었다. 아름다운 잔에 향긋한 술, 기분 좋게 오르는 취기 덕분에 혼자 마셔도 퍽 분위기에 젖어 영화 속 주인공이 되는 기분이 들었다. 아아, 이렇게 달콤한 술이 있다니!

그때부터 나는 시간이 날 때면 종종 와인 바와 와인 밸리를 여행하며 와인을 마셨고, 마음에 드는 와인을 만날 때면 라벨을 찍어 두고는 했다. 그리고는 아직 와인 맛을 모르는 친구가 방문하면 와인 바에 데려갔다. 그러면 맛있는 와인과 치즈 플레이트를 먹은 친구들은 그 맛에 빠져 내가 한국을 방문할 때마다 그들이 찾은 와인 맛집으로 나를 안내했다. 단언컨대, 당신이 와인을 싫어한다면, 그건 아직 맛있는 와인을 만나지 못했기 때문일 것이다.

브런치, 초콜릿, 마카롱

퇴근은 언제나 신난다. 이유는 없다. 그냥 좋다. 특별한 약속이 없어도 좋다. 정류장에 내려 길을 건넜다. 작은 공원을 따라 나 있는 샛길을 따라 걸었다. 저쪽에서 고양이가 걸어온다. 옆집에 사는 고양이다. 출근길, 퇴근길에 항상 보이는 고양이. 길고 하얀 털이 복슬복슬하다. 휴일에는 가끔 집 앞을 찾아온다. 자유로운 아이다. 그러고 보니 처음 집을 볼 때도 고양이에 낚였다. '고양이가 지키고 있는 집이에요.'라는 말에 넘어갔다. 고양이는 예쁘다. 느긋하다. 평화롭다. 보고 있으면 힐링이 된다.

집에 들어와 2층으로 향한다. 중간 계단을 밟으면 삐걱 소리가 난다. 1년 동안 내내 소리가 났다. 고칠 생각은 없어 보인다. 무너

지지 않았으니 괜찮다. 방에 가방을 놓고 옷을 갈아입는다.

　　회사에 갈 때는 늘 정장을 입는다. 덕분에 옷장은 단조로운 정장과 드레스로 가득하다. 구두도 신는다. 옥스퍼드화만 신는다. 처음에는 굽 있는 정장 구두를 신었는데, 발이 아파서 바꿨다. 회사 안에서도 늘 구두를 신고 있으니, 어쩔 수 없다. 이런 차림이 익숙하지만, 여전히 불편하다.

　　편한 옷으로 갈아입고 아래층으로 향한다. 오늘도 집주인 오빠가 먼저 와 있다. 유능한 메카닉이다. 여섯 시에 출근하고 네 시에 퇴근하는데, 돈은 나보다 많이 번다. 처음 입주할 때부터 자기가 얼마나 유능한 사람인지 설명했다. 그동안 받은 트로피를 가리키며, 자기가 호주 일등이란다. 사실인지는 모르겠다. 얼마 전에는 연봉 1억이 넘는다며 자랑했다. 비싼 시계와 신발을 수집한다. 돈은 많아 보인다. 그런데 라면 하나도 그냥 주는 법이 없다. 어마어마한 짠돌이다.

　　"마카롱 먹을래?"
　　"아, 역시 너밖에 없다."

　　입에 발린 말은 잘한다. 그는 절대 이런 고급 간식을 사 오지 않는다. 이런 작은 과자 하나에 3불이나 하는 걸 이해할 수 없다고 했다. 그래도 주면 먹는다. 비싼 거라면 뭐든 먹고 볼 사람이다. 곧 이어 퇴근한 모모와 솔도 다과에 합류한다. 각자 먹고 싶은 마카롱 을 하나씩 고른다. 한 번에 많이 먹지 않는다. 살찌니까. 모모는 커 피를 내리고 솔은 자리에 앉아 진지한 이야기를 시작한다. 솔이 이 사 온 후, 어느 순간 굳어진 저녁 일과다.

우리는 모두 달콤한 과자를 좋아했다. 그중에서도 특히 나는 심각한 달달구리 광이다. 특히 안에 슈가 들어간 초콜릿이나 마카롱 을 사랑한다. 그들은 하나하나 수제로 만들어져 아기자기한 모습과 달콤한 맛으로 나를 유혹했다. 초콜릿 카페에서 일하던 시절에는 정 말 미친 듯이 먹었지만, 그때를 제외하고라도 한 달에 100에서 200 불 정도는 과자에 투자할 만큼, 나는 항상 달콤한 과자를 찾았다.

특히 내가 사랑해 마지않는 마카롱 숍은 멜버른에서 오랜 역 사를 자랑하는 La Belle Miette라는 곳이었다. 리치몬드*Richmond*에 본 점을 둔 이 마카롱 숍은 매일 새로운 마카롱을 만들어 그날만 판매 하고 남은 재고는 처분하는 아주 정직한 마카롱 숍으로, 한국에서는 잘 팔지 않는 얼그레이 맛, 블루베리 맛, 살구 맛 등 다양한 마카롱을 팔고 있었다. 또 파스텔 빛깔의 색은 어찌 그리 아름다운지! 보고만 있어도 기분이 좋아지는 마카롱을 예쁜 민트색 상자에 포장해 돌아 갈 때면 벌써 달콤한 티 타임이 머릿속에 그려지고는 했다. 또 그 맛 은 어떤가! 당일에 만들어 3일 안에 먹기를 권장하는 마카롱은 겉은

바삭하고 속은 부드러우며 입에 넣으면 찐득거리는 것 하나 없이 사르르 녹아내렸다. 귀국한 후로 한국에 유명하다는 마카롱 집을 찾아 돌아다녔지만 아직도 이만큼 맛있는 마카롱을 찾지 못했다.

어디 그뿐인가. 내가 마카롱에 마음을 빼앗기기 전, 산츄로 *Sanchurro*라는 디저트 카페에서 일하며, 나는 초콜릿에 푹 빠져 지냈었다. 그곳은 호주 전역에 퍼져 있는 프랜차이즈 숍이었는데, 당시 유학생이었던 나는 학교가 끝나고 생활비를 벌기 위해 그곳에서 일했었다. 새로 들어온 초콜릿 트뤼프 *chocolate truffle*와 방금 튀긴 츄러스를 공짜로 먹을 수 있는, 말하자면 살찌기 아주 좋은 천국이었다. 그곳에서 딸기, 블루베리 같은 과일 슈가 들어간 초콜릿부터 럼, 보드카 같은 주류가 들어간 초콜릿까지, 나는 당시 쓰고 달고 짠맛을 내는 초콜릿들에 매료되어 있었다. 단단한 초콜릿 코팅으로 싸인 초콜릿은 입에 넣고 톡 씹는 그 순간 때론 씁쓸하고, 또 때론 달콤한 슈를 입안 가득 퍼뜨리며 녹아내렸다.

"ソルとリアは週末何する？ (솔이랑 리아는 주말에 뭐해?)"

커피를 마시다 모모가 물었다. 모모는 일본인이다. 집주인 오빠랑은 7년이나 함께한 커플이라고 했다. 같이 살게 된 솔도 나도 우연히 일본어를 알았고, 모모도 조금은 한국어를 할 수 있었다. 우리는 자연스럽게 일본어와 한국어를 섞어서 이야기했다. 오빠는 일본어를 못했지만, 특별히 개의치 않았다.

"特に何もないよ。(특별히 뭐 없는데.)"

"私も。(나도)"

"오빠랑カフェ行くんだけど一緒に行く？(오빠랑 카페 갈 건데 같이 갈래?)"

우리는 다 같이 내일의 행선지를 검색했다. 브런치는 멜버른에서 가장 흔하고 가장 일상적인 취미였다. 천상 집순이인 우리는 굳이 집 밖을 나가지 않았지만, 오빠가 나가는 날은 차를 얻어 타고 덩달아 외출하고는 했다. 한참을 검색한 끝에, 다수결로 행선지를 정했다.

이튿날, 나는 아침 일찍 일어나 거실로 내려왔다. 평소 습관 때문인지 주말에도 늘 이 시간이면 눈이 떠졌다. 소파에 앉아 TV와 플레이스테이션을 켰다. 게임은 재밌다. 책도 좋고, 그림도 좋지만, 게임도 재밌다. 소설만큼 다양한 스토리를 가진 게임이 많다. 다만 아쉬운 점이 있다면, 영어로 플레이해야 한다는 점이다. 호주에서 파는 게임은 한국어 지원이 되지 않았다. 비록 플레이는 가능했지만, 몰입도는 조금 떨어진다.

"아, 진짜! 너 안경 쓰고 내려오지 말랬지. 너무 못생겨서 깜짝 놀랐다야."

"응, 내 맘."

오빠가 괜히 시비를 건다. 어지간히 심심한 모양이다. 모모는 아직 자는 것 같다. 나는 게임을 계속한다. 한두 시간이 지나자 솔과 모모가 내려온다. 나는 게임을 끄고 외출 준비를 한다. 다 같이 준비를 마치고 모이니 열한 시. 우리는 어제 찾아본 카페로 향한다.

각자 커피를 주문하고 앉아 사진을 찍는다. 카페에 오면 보통 사진을 찍는다. 딱히 SNS를 하는 건 아니지만, 그래도 찍는다. 예쁜 걸 보면 기록하고 싶은 마음이 드는 건 자연스러운 현상이다. 멜버른의 브런치가 유명한 건 분명 다채로운 메뉴나 맛있는 커피도 있겠지만, 그 디자인도 한몫을 한다. 카페마다 정말 다양한 스타일이 있다. 공장을 개조해서 만든 듯한 카페, 창고 같은 곳, 고즈넉한 곳, 낡은 것 같은데 분위기 있는 곳, 새하얀 곳, 카페가 맞나 싶을 정도로 고급스러운 곳. 유명한 곳은 셀 수 없이 많고, 어디를 가도 그들만의 스타일이 있다. 다들 추구하는 콘셉트는 다르지만 저마다의 감각이 살아 있다.

곧 음식이 나오고, 우리는 각자 주문한 음식을 맛본다. 나는 Smashed Avo를 주문했다. 으깬 아보카도를 치즈와 섞어 빵과 함께 나오는 기본적인 브런치 메뉴다. 그래 봐야 빵과 치즈인데, 아보카도가 들어갔다는 이유만으로 좀 건강해 보인다. 호주에서 가장 많이 먹은 메뉴가 아닐까 싶다.

우리는 식사하며 한 주 동안 있었던 일들, 생각나는 것들을 두서없이 풀어놓는다. 저녁마다 이야기하는데도 얘기는 끊임이 없다. 자주 볼수록 할 말도 많아지는 법이다.

브런치를 먹고 시티에서 쇼핑도 마친 우리는 저녁 즈음 되어 다시 집으로 돌아온다. 피곤하다. 무슨 이유에서든 외출은 상당한 체력을 소모한다. 내일은 종일 집에서 빈둥거려야지. 주말에는 되도록 체력을 비축해야 한다. 월요일이 되면 싫어도 매일 출근해야 하니까. 게다가 곧 그 시즌이 온다.

퀸스타운으로 들어가서
오클랜드로 나올 거예요

회계사에게는 분기별로 1년에 네 번의 마감이 있다. 그중에서도 상반기를 마감하는 2월과 한해를 마감하는 7월은 정말 눈코 뜰 새 없이 바쁘다. 해도 해도 줄지 않는 서류의 산과 끝이 없는 숫자 더미 속에 한 달을 보내고 나면 혼이 다 빠져나갈 지경이다. 호주는 연차를 쓰는 데 제한이 없는 편이지만 이때만큼은 예외다. 손 하나가 아쉬운 때에 연차라니! 이때 휴가를 가면 책상이 사라져 있을지 모른다.

"저녁 뭐 먹을까요?"

서류 더미의 적막을 깨고 데이비드가 말했다. 데이비드는 나의 상사로, 10년차 시니어 어카운턴트*Senior Accountant*였다. 늘 장난기가 다분하지만 일에 있어서는 가차 없는 사람이다.

"시켜 먹을 거죠? 저는 배만 채울 수 있으면 뭐든 좋아요."

그렇게 대답하고 다시 화면으로 고개를 돌렸다. 나의 목표는 아홉 시. 두 시간밖에 남지 않았다. 타닥타닥. 다시 말없이 타자 소리만 들려왔다. 평소에 늘 농담으로 시작해 농담으로 끝나는 곳이지만 이때만큼은 아무도 말이 없다. 우리의 목표는 하나. 내일의 야근을 줄이는 것.

반 시경 정도 더 지났을까. 띵동. 우버이츠*Uber Eats*가 도착했다는 벨이 울리고 여기저기서 탄성이 쏟아져 나왔다. 두 사람이 배달 온 음식을 가지러 내려갔다. 나머지 사람들은 각자 자리에서 기지개를 켜며 찌뿌둥한 어깨와 허리를 뻗어냈다. 마감이 있다는 건 참 좋은 일이다. 지금이 얼마나 지루하고 힘든지에 상관없이 끝나는 시점이 반드시 오니까. 아마 이때쯤 모두 같은 생각을 하지 않나 싶다. 그래, 이번 주만 버티자.

3월, 폭풍 같은 상반기 회계 마감과 함께 휴가를 떠나기 좋은 계절이다. 마감이 끝난 직후, 별문제가 없다면 다시 칼퇴근할 수 있는, 그나마 좀 한산한 때가 온다. 내가 머물던 호주 빅토리아*Victoria* 주에서는 1년에 4주 연차와 2주 병가를 제공하고, 보통 회사에서는 연차를 2주 정도 묶어서 긴 휴가를 떠난다. 상반기 마감이 끝난 지금이 바로 그 시기다. 나는 지난 반년간의 연차를 모아 2주간 뉴질랜드 여행을 떠나기로 했다. 9월에 싱가포르에 다녀온 이후, 딱 반년 만에 가는 해외여행이다.

생각해보면 나는 항상 큰일을 하나 마감한 후에는 여행을 갔던 것 같다. 기말고사가 끝나면 지방으로 혼자 여행을 가기도 하고, 이직할 때면 그 사이에 다른 주로 훌쩍 여행을 떠나기도 하고, 특별한 일이 없더라도 반년에 한번은 여행 일정을 잡고는 했다. 보통 여행을 마치고 돌아온 지 한 달이 되지 않았을 때, 여행계획을 세우고 티켓을 끊었다. 그러면 다음 여행이 올 때까지, 나는 과거에 내가 미래에 나를 위해 마련한 일종의 '보상'을 향해 나아가는 것이다. 열심히 한, 열심히 할 내게 주는 보상 말이다.

"이번에는 어디로 간다고 했죠?"
"뉴질랜드요. 퀸스타운으로 들어가서 오클랜드로 나올 거예요."

동료들은 호주의 남섬이 좋다, 퀸스타운에 가면 번지점프를 해야 한다, 유명한 온천이 있다 등등 자신들의 경험담을 쏟아냈다.

호주의 형제국가로도 알려진 뉴질랜드는 호주에서 가장 가까운 이웃 나라였다. 그만큼 접근성이 좋았고, 사람들이 많이 방문하는 곳이기도 했다. 하긴, 호주에 5년이나 살면서 뉴질랜드를 안 가본 건 나 정도이겠지.

사실 뉴질랜드는 너무 가까워서 언제든 갈 수 있다는 생각에 차일피일 미뤄오고 있었다. 하지만 이제 이번이 마지막 기회가 될지도 모른다. 다행히 뉴질랜드 티켓은 멜버른에서 왕복으로 30만 원, 정말 쌀 때는 20만 원에도 갔다 올 수 있을 정도로 저렴했고, 나는 막 마감을 마친 3월 초, 뉴질랜드행 비행기에 올랐다.

Chapter 2

브런치의 도시, 멜버른의 유학생

가난한 유학생과
키다리 아저씨

나는 안일하고 방자했다. 마음만 먹으면 마음대로 살 수 있을 줄 알았다. 세상 사람들이 하는 충고는 다 시기와 질투로 들렸다. 그런데 이게 무슨 꼴이란 말인가. 당장 내일 먹을 끼니를 걱정해야 하는 처지라니. 혼자 의기양양하게 떠나온 타지 생활은 조금도 순탄하지 않았다. 집에서 편하게 엄마가 해주는 밥이나 먹을 걸. 집 나오면 개고생이라더니, 딱 나를 두고 하는 말이다.

"그럼 호주에는 혼자 온 거예요? 쉽지 않았을 텐데…."

그는 무척 의외라는 표정으로 나를 바라본다. 사실 외식할 돈

브런치의 도시, 멜버른의 유학생

은 없다. 하지만 거절할 수 없다. 내일 콩 한 쪽을 먹더라도 언제나 여유로운 사람으로 보여야 한다. 나는 그래야 한다.

"솔직히, 고생이라고는 모르고 살았을 것 같았어요. 사람은 좀 볼 줄 안다고 생각했는데, 반성해야겠어요."

성공이다. 내가 뒤에서 갖은 고생을 할지언정, 사람들은 보여주는 것만 볼 수 있다. 보이는 것을 믿는다. 온실 속에 화초, 'spoiled child'라고 한다. 넉넉한 부모님 밑에서 고생을 모른 채, 제멋대로 살아온 이미지다. 나는 와인을 조금 마시고 대답한다.

"한국에서는 그랬죠. 처음에는 조금 힘들었는데, 지금은 괜찮아요."

거짓말이다. 지금도 힘들다. 하지만 나 힘들다 광고해서 좋을 게 없다. 이상하게 사람들은 귀하게 보이는 사람은 귀하게 대하고, 고생하며 산 사람을 더 하대하는 듯하다. 이상한 세상이다. 그러니 spoiled child가 좋은 말은 아니지만, 꼭 나쁜 말도 아니다. 그만큼 애지중지 자란, 귀한 아이라는 뜻이니까. 그렇게 믿게 만드는 편이 좋다.

우리는 이야기를 주고받으며 와인 한 병과 치즈 플레이트 하나를 먹어 치웠다. 적당히 향긋하고 씁쌀한 와인과 느끼한 치즈는 언제 먹어도 환상의 궁합이다.

"이번에는 제가 살게요."

계산하려는 그를 저지하며 싱긋 웃어 보인다. 그는 염려스러운 얼굴을 하고 있다. 방금 한 이야기 탓이다.

"저 돈 많아요."

나는 웃으며 점원에게 카드를 내민다. 아, 내일은 샐러드만 먹어야지. 돈이 없으니 알아서 다이어트가 된다. 마음껏 먹을 수 없으니 살도 빠진다.

식당을 나와 트램tram(전차) 정류장까지 걷는다. 아까 마신 와인 때문인지 취기가 올라온다. 그 와인바는 다양한 와인과 치즈를 취급하고 있었다. 염소 치즈를 생전 처음 먹어봤다. 맛있다. 나중에 돈이 생기면 꼭 다시 가야지.

"또 봐요."

그가 말한다. 헤어질 때마다 하는 말이다. 특별히 다음 약속을 잡는 것도 아니고, 시도 때도 없이 연락하는 사이도 아닌데, 늘 또 보자고 한다. 친한 듯 친하지 않은 듯한 남자. 그는 잊을 만하면 불쑥 나를 찾아온다. 지나가는 길에 시간이 나서 들르고, 일 끝나고 돌아가는 길에 얼굴이나 볼까 찾아온다. 그러면서도 내게 그 뻔한 수작 한번 걸지 않는다. 오히려 가까스로 거리를 유지하려는 듯한 느낌이다. 내 끼니를 걱정하고, 안부를 묻는다. 그가 싫지 않았지만 뭔가 마음에 걸린다. 혼란스럽다. 이 사람은 도대체 뭘 원하는 걸까. 친구라기에는 달달하고, 썸이라고 하기에는 좀처럼 거리가 좁혀지지 않는다.

그러던 어느 날 밤, 그가 또 불쑥 찾아온다. 그래, 그냥 물어보자.

"오빠는 저랑 뭘 하고 싶어요?"

나로서는 꽤 과감한 질문이다. 그는 나를 빤히 바라본다. 왠지 모르게 긴장된다. 무슨 말을 하려는 걸까. 생각하지 못할 만큼 깜짝 놀랄 반전이라도 있는 건가. 나는 숨을 죽인다. 그가 입을 열었다.

"본인이 원하는 거 다 해주고 싶어요. 내가 할 수 있는 거라면."

당황스럽다. 저게 대체 무슨 대답이지? 질문하면 좀 나아질 줄 알았는데, 더 혼란스러워졌다.

그는 나와 딱히 나와 연애를 하고 싶다거나 내게 뭘 바라지 않는다고 한다. 내가 좋은 사람 같고, 같이 있으면 기분이 좋아져서, 자기가 할 수 있는 건 해주고 싶다고 그렇게 말한다. 좋은 사람인지 나쁜 사람인지 모르겠다. 그가 돌아가고, 나는 핸드폰을 열어 그의 연락처를 편집한다. '이름: 키다리 아저씨.'

집으로 돌아와 자리에 눕는다. 눈을 감고 조용히 하루를 곱씹는다. 나는 이 시간이 좋다. 정신없이 수업 듣고, 일하고, 하루 종일 사람으로 가득하다. 나 같은 사람에게는 너무 힘든 환경이다. 하지만 지금 이 순간은 너무나 고요하다. 너무 좋다. 오늘 긁은 카드 값도, 내일 해야 하는 일정도 지금은 다 잊을 수 있다.

이 남자가
도박에 미쳤다

키다리 아저씨와는 별개로, 내게는 남자친구가 있다. 아니, 있었다. 학기 초에 키다리 아저씨를 발견하고도 말을 붙이지 않은 건 그런 이유다. 나는 학기가 끝날 때까지 말 한번 걸지 않았다. 키다리 아저씨는 키가 크고, 구릿빛 피부를 가졌다. 꽤 잘생겼다. 그래서 더 말을 걸지 않았다. 요즘 남자친구는 신경이 곤두서 있다. 안 그래도 한참 위태위태하다. 불을 지피는 행동은 하지 않는 게 좋다. 안 걸릴 자신은 없으니까.

하지만 머지않아 나는 그와 끝장을 본다. 처음에는 반짝반짝 빛나고 더없이 나를 행복하게 해주던 관계가 다시 돌아보기도 싫을 만큼 망가질 수 있다는 건, 썩 기분 나쁜 현실이다.

한때 내 남자친구였던 그는 180센티에 달하는 큰 키에, 곱상하고 하얀 얼굴을 가진 전형적인 미남이었다. 게다가 말주변은 어찌 그리 좋은지 항상 주변에는 사람들로 가득했고, 남녀노소 가리지 않고 인기가 있었다. 처음 그를 보았을 때, 나 역시 눈길이 갔다. 어쩜 저렇게 완벽한 사람이 있을까? 총명하고 잘생기고, 다 가졌네. 그런 그와 연애를 시작하며 나는 더없이 행복했다.

아주 잠깐 동안 말이다. 사람은 겪어보기 전에는 모르는 거라고 했던가. 어떤 사람이든 멀리서 보면 다 그럴싸해 보이는 법인가 보다. 다들 어느 정도 나이를 먹으면 자기를 포장하는 법을 알게 된다. 사람이 바닥을 보이는 건 궁지에 몰렸을 때, 예를 들면 도박에서 전 재산을 잃는다든가 하는, 그런 국면이다. 지금 이 남자가 딱 그렇다.

처음 카지노를 갔던 건 순전한 호기심이었다. 한국 나이로 스물셋. 이제 막 만으로 스물한 살이 된 나는 그와 함께 처음으로 멜버른에 있는 크라운 카지노Crown Casino를 방문했다. 그때까지 영화나 드라마에서만 보던 도박장은 어두컴컴하고 음산한 분위기였던 데 비해, 그곳은 활기가 넘치고 반짝반짝거리며 맛있는 술과 흥에 겨운 사람들로 가득한 곳이었다. 크라운 호텔과 함께 운영되는 그곳은 샤넬이나 페라가모 같은 이름만 들어도 알만한 럭셔리 부티크들로 가득했고, 입구에 들어서면 늘 어디선가 맡아본 것 같은 CK의 향이 풍졌다. 카지노는 그런 호텔 중앙에, 아니 전체에 떡하니 자리하고 있었다.

그는 나에게 카지노를 구경시켜 주며 룰을 설명했다. 생전 처음 도박장에 간 나는 눈이 돌아갈 것처럼 번쩍이는 기계와 룰렛 소리, 사람들의 환호성에 섞여 정신이 나갈 지경이었다. 게다가 카지노는 너무 커서 금방이라도 길을 잃을 것 같았다. 그는 다양한 게임을 보여주었다. 나는 최소 배팅 금액만큼만 걸면서 한두 번 깔짝깔짝 해보았지만 이기고 지는 것과 관계없이 순식간에 지나가 버리는 게임을 따라갈 수가 없었다. 얼마나 해야 이 페이스에 익숙해지는 걸까? 눈앞에서 순식간에 돈이 불어나고, 사라졌다.

그래도 카지노는 퍽 흥미로운 곳이었다. 그 문을 통과하는 순간 다른 세상이 펼쳐졌다. 파티라도 가는 것처럼 드레스를 입고 돌아다니는 사람들, 쭉 들어선 명품 부티크, 고급 대리석과 골드 빛으로 가득한 그곳은 마치 어린 시절 한 번쯤 상상했던 환상의 세계에 가까웠다. 그 분위기가 좋아서 우리는 아주 가끔 밥을 먹으러, 게임을 구경하러 카지노에 갔다.

그러던 어느 날, 그는 바카라Baccarat라는 게임에서 반드시 이기는 필승법을 생각해냈다며 나를 데리고 바카라 기계가 있는 곳으로 갔다. 직접 플레이를 하지 않고 판에 돈만 걸 수 있는 시스템이었는데, 그는 그곳에서 내게 자신의 필승법을 공개했다.

"늘 잃은 돈의 두 배를 거는 거야. 이길 때까지 그걸 반복하는 거지. 그럼 절대 지지 않아."

처음 들었을 때는 그럴 듯했다. 바카라는 플레이어*player*와 딜러*dealer* 둘 중 하나가 이기는 게임이었다. 이겼을 경우 판돈의 두 배를 주고, 비길 경우에는 판돈을 돌려준다. 그러니 만약 진 후에 두 배를 계속 건다면 분명 언젠가는 이길 터였다.

그는 곧 자신의 필승법을 시험하기 시작했다. 최소 배팅금은 $5. 지면 다시 $10, $20, $40 순으로 돈을 걸었다. 그러다 이기면 다시 판돈을 줄여 이길 때까지 두 배를 거는 걸 반복했다. 과정은 조금 지루했지만 돈은 금세 불어났다. 그는 한 시간도 채 되지 않아 $300을 $700로 만들었다.

이게 정말 되는 건가? 눈으로 보고서도 어딘가 석연치 않은 구석이 있었다. 분명 돈은 불어나고 있는데 마음은 조마조마했다. 저 운이 대체 언제까지 이어질까. 나는 이제 많이 땄으니 돌아가자고 말했다. 그는 듣지 않았다.

밤이 지나 새벽이 되도록 그는 배팅을 멈추지 않았다. 기다리다 지친 나는 저쪽에서 기계나 구경하며 그를 기다렸다. 두리번거리다 다시 그 자리에 돌아갔을 때, 그는 없었다. 대체 어디서 놀고 있는 걸까? 그런 생각을 하며 그를 기다렸다. 그러자 곧 그가 뒤에서 나를 불렀다.

"왔어? 어디 갔었어?"

드디어 집에 갈 수 있다는 생각에, 나는 애써 아무렇지 않은 척 말했다. 카지노에 들어온 지 다섯 시간. 게임이고 뭐고 집에 가서 자고 싶었다. 하지만 그는 퀭한 눈을 하고 나를 보며 말했다.

"돈 좀 빌려줘."

그는 내게 $300만 빌려달라고 했다. 어디에 쓸 건데? $300만 있으면 잃은 돈 다시 찾을 수 있어. 원금 찾고, 빌린 돈도 돌려줄게. 그가 말했다. 알고 보니 그는 가져온 돈을 모두 탕진하고 통장에 있는 돈을 빼다 쓴 것도 모자라, 셰어하우스에 사는 사람들에게 선불로 받은 집세까지 모두 잃은 상황이었다. 나는 거절했다.

"너, 제정신 아니야. 그만하고 집에 가자."

그는 화를 내기 시작했다. 따지고 보면 돈을 잃은 게 다 나 때문이라며. 중간에 집에 가자는 나와 말다툼을 해서, 자기가 기분이

안 좋아 침착하게 배팅을 하지 못했다며, 모두 내 탓이라고 했다.
'아, 빚에 쫓기면, 사람이 궁지에 몰리면 이런 모습이 되는구나.'

그런 이야기가 있다. 마약쟁이에게 도박을 알려주면 마약을 끊고 도박을 한다고. 도박이 이렇게 무섭다. 희망 고문이라는 말이 이토록 딱 맞는 게임이 또 있을까. 내 재산을 단번에 불려줄 것처럼, 원금을 다시 찾을 수 있을 것처럼, 한 번만. 한 번만. 그렇게 전 재산을 탕진하고 나서야, 아니 탕진하고도 끝나지 않는 도박.

그는 다음 날이 되어서야 정신을 차린 듯 내게 사과했지만 그때뿐이었다. 비슷한 일은 그 후에도 몇 번이나 반복되었고, 그가 도박을 끊었을 때, 이미 관계는 돌이킬 수 없었다.

"나 이제 진짜 끊었어. 달라질게. 앞으로 진짜 잘할게."

나는 그와 헤어졌다.

브런치의 도시, 멜버른의 유학생

빈손으로
돌아오더라도

빈틸터리로 유학 생활을 한 지 2년이 지났다. 나는 그새 영어도 좀 늘고, 일도 익숙해서 조금씩 돈을 모을 수 있었다. 집세를 내고 밥을 먹어도 돈이 남아, 한 달에 $100씩 돈을 모았다. 그리고 드디어, 여름 방학을 맞아 한국으로 가는 비행기표를 샀다.

2년 만에 방문하는 한국은 참 묘했다. 알 수 없는 기시감이 들었다. 한국 영화를 보는 기분. 분명 내 나라에 돌아왔는데, 외국을 방문한 듯한 느낌. 익숙한 풍경이 주는 낯섦. 이걸 뭐라 표현할 수 있을까. 꼭 10년 만에 다시 만난 애인 같은 느낌이다. 내가 아는 모습 그대로인데, 같은 사람인데 같은 사람이 아니고 뭐 그런 기분이다.

그렇다고 이제 호주가 내 나라 같냐고 묻는다면 그건 또 아니

다. 익숙하고 기시감도 없지만, 여전히 외국이라는 느낌을 지워버릴
수 없다. 언젠가 떠나야 하는 나라. 그런 인식이 어딘가에 깊이 남아
있는 탓이다. 그래서일까. 항상 설명하기 어려운 외로움이 있다. 향
수라기보다 가족과 친구들과 떨어져 있는 데에서 오는, 말 그대로 적
적함에서 오는 외로움이다. 적적하다니. 늙은이 같다.

오랜만에 집 문을 열고 안으로 들어선다. 다행히 비밀번호는
바뀌지 않았다. 언니들은 깜짝 놀라 잠시 말을 잊지 못한다.

"어, 하나도 안 변했네!"

작은 언니가 말한다. 거짓말이다. 나는 집을 나섰을 때보다
무려 8킬로나 불어 있었다. 게다가 비행기에서 열다섯 시간이 넘도
록 먹고 자기를 반복해서 더 퉁퉁 부어 있었다. 안 변했을 리가 없다.

"어, 잘 계셨어요?"

나도 모르게 존댓말이 나온다. 몇 년 동안 존댓말을 썼더니
반말이 어색하다. 언니는 그런 내가 어색하다. 그래도 우리는 아무
렇지 않은 척, 인사하고 이야기를 나눈다. 모두가 어색하지만, 구태
여 티를 내지 않는다.

브런치의 도시, 멜버른의 유학생

다음 날, 나는 오랜만에 귀국한 기념으로 친구들을 만나러 동네로 마실을 나간다. 중학교 때부터 쭉 알고 지낸 친구들. 모두 다른 성향에 모두 다른 삶을 사는 친구들이지만, 그래서 여차저차 유지가되는 관계다. 그 중, 가장 예쁜 애가 말한다.

"나, 휴학하려고."
"아 그래? 왜?"

대수롭지 않게 묻는다. 휴학을 안 하는 사람이 더 드문 세상이다. 예쁜 애는 호주에 워킹홀리데이를 갈 생각이다. 이야기를 들은 나는 무척 기뻐서 내가 할 수 있는 모든 지원을 해주겠다 약속한다.

"어차피 내가 시티에 사니까, 자리 잡을 때까지 우리 집에서 머물면 돼. 뭘 해보고 싶어? 영어만 할 줄 알면 사는 건 크게 지장 없을 거야! 일도 구할 수 있고. 졸업하고 나면 나오기 더 힘들어지니까이 기회에 나와봐!"

그때까지만 해도 나는 내가 할 수 있다면 누구나 할 수 있다고 생각했다. 하물며 나라는 친구가 이미 살고 있다. 길에 나앉을 걱정을 해야 했던 나와 달리 안정적으로 적응할 수 있을 것이다. 그렇게 생각했다. 친구가 호주 땅을 밟은 지 반년 만에 다시 한국으로 돌아갈 때, 나는 내가 퍽 안일한 생각을 했음을 알았다.

특별한 문제가 있었던 건 아니다. 그녀의 기대와 현실이 많이 달랐을 뿐이다. 처음 호주에 도착한 그녀는 당장 어학교*language school*를 다니기 시작했다. 두어 달 어학교를 다니며 각지에서 온 친구들을 만나고, 영국인 강사와 친해질 수 있었다. 어학교를 마칠 때쯤, 그녀는 본격적으로 일자리를 찾기 시작했다. 그녀에게는 일자리를 찾는 딱 하나의 기준이 있었다. 호주에 온 만큼 외국인이 가득한 환경에서 일하는 것.

하지만 좀처럼 일자리가 잘 구해지지 않자, 그녀는 큰 상실감에 빠졌다. 그렇게 2주 정도 흘렀을 때, 우리는 시티에 있는 한 버거집에서 그녀가 다니던 어학교의 강사를 만났다.

우리가 간 곳은 수제 버거를 파는 체인점인 'betty's burger'였다. 긴 줄을 기다려 들어선 그곳은 온통 분홍빛으로 가득해, 꼭 뮤직비디오에 나오는 세트장 같았다. 반갑게 인사를 하는 그에게 우리는 안부를 나누며 자연스레 그녀의 고민을 털어놓았다. 그는 잠시 생각하더니 말했다.

"I have some friends looking for a person helping him in fish market. It is nothing difficult but can be a little bit hard for a woman.

브런치의 도시, 멜버른의 유학생

Do you want to try it? (내 친구 중에 피쉬마켓에서 그를 도울 사람을 찾는 녀석이 있어. 어려운 건 없지만 조금 힘들 수도 있는데, 한번 해볼래?)"

그렇게 그녀는 정말 한국인을 단 한 명도 찾을 수 없는, 사우스 멜버른South Melbourne에 열리는 마켓에 있는 한 생선 코너에서 일을 시작했다. 집에 돌아오면 신나서 그곳에서 있던 일을 이야기해 주었다.

하지만 그 일은 오래가지 못했다. 어느 날 집에 돌아온 그녀는 풀이 죽은 모습으로 말했다.

"나 아무래도 잘린 것 같아."

왜? 하고 물었지만, 그녀는 잘 모르겠다고 대답했다. 뭔가 잘못한 걸까? 여자가 하기에 너무 힘든 일이었나? 여러 가지 의문이 들었지만 나는 더 묻지 않았다.

친구는 곧 다시 구직을 시도했지만 이렇다 할 소식은 없었다. 보다 못한 나는 당시 일하던 카페 사장에게, 내 친구가 일을 구하고 있는데 한번 데려오겠다 말했다. 당시 나를 퍽 마음에 들어 했던 사장은 흔쾌히 허락했고, 그녀를 고용했다.

당시 나는 한 이탈리아 체인점에서 일하고 있었는데, 시티에서 조금 거리가 있기는 했지만 한국인은 나 하나밖에 없는, 그녀가 원하던 완벽한 외국인 환경의 일자리였다. 그녀는 올 라운더_all-rounder_로 일하며 서빙도 하고 주문도 받고, 가끔은 커피도 만들었다. 하지만 이 또한 오래가지 못했다. 그리고 나는 곧 그 이유를 알았다. 그녀가 일하고 몇 주가 지났을 때, 사장이 내게 와 말했다.

"Okay, there is one problem. She doesn't smile. (한 가지 문제가 있어. 네 친구는 웃지를 않아)"

나는 잘못 들었나 싶어 다시 물었다. What? (뭐라고?) 그러자 그는 다시 말했다.

"Your friend. She is always upset! (네 친구 말이야. 항상 화가 나 있어)"

나는 고개를 돌려 그녀를 보았다. 그녀는 무관심한 표정으로 가만히 서 있었다. 아, 이거였나. 뭐 그런 것까지 지적하냐 싶을 수도 있겠지만, 서비스업에서 미소는 굉장히 중요한 요소, 기본 중에 기본이었다. 하지만 내 이야기를 들은 그녀는 이렇게 말했다.

"아니, 웃기지 않은데, 왜 웃어?"

어? 나는 조금 당황스러웠다. 그 시절 이미 자본주의의 노예로 거듭난 나와는 달리 그녀는 일하는 대부분의 시간, 무표정을 유지했다. 서비스업에 종사하는 사람들은 당연히 방긋방긋 잘 웃는 직원을 좋아한다. 웃음의 영향력은 실로 굉장하다. 친절하다는 인상을 줌과 동시에 매장에 밝은 분위기를 만든다. 웃는 얼굴에 침 못 뱉는다고, 행복한 사람은 주변을 행복하게 만든다. 나를 미소로 맞아주는 밝은 식당과 무표정으로 주문만 받는 그런 식당. 어디를 들어가겠는가?

결국 그 일을 마지막으로 그녀는 한국행 비행기표를 끊었다.

유학과 외국 생활에 대한 환상을 품고 있는 사람들이 있다. 유학을 떠나면 뭔가 드라마틱한 변화가 있을 것 같고, 외국에 나가면 내가 지금껏 안고 있는 고민으로부터 해방되지 않을까 막연한 희망을 품는 것 같다.

희망을 갖는 건 좋다. 하지만 대가 없이 얻어지는 건 없다는 걸 반드시 유념해야 한다. 분명 외국에는 한국에 없는 새로운 기회와 배움이 가득하다. 하지만 반드시 그에 따른 시련과 도전이 따른다. 도전 없이 어찌 보상이 있겠는가.

내가 옆에서 고전하는 친구를 지켜보며 이해하지 못했던 게 하나 있다. 그녀가 할 수 있는 모든 것을 다 하지는 않았다는 것이다. 조금 돌아다니고 집에 머물거나, 그저 나를 기다리거나, 왜 웃어야 하냐며 그 질문 자체에 의문을 품는 모습이 내게는 너무 의아했다. 이 모든 건 강요할 수 없다. 그러나, 간절한 사람은 의문조차 품지 않고 그들이 요구하는 모든 걸, 미소를, 노력을, 자기계발을 한다. 간절해서 그렇다. 이걸 얻기 위해서라면 미소를 띠는 것쯤, 기술을 익히는 것쯤 얼마든지 할 수 있다고 생각할 것이다. 마치 내가 미소를 띠며 서비스를 하는 것에 단 한 순간도 의문도 품지 않았던 것처럼.

따라가고픈 사람들, 성공한 사람들, 이미 자리를 잡고 그 길을 모두 걸은 사람들의 삶은 언제나 멋지고 포장된 형태로 대중에게 비친다. 어릴 때 유학을 마치고 한국에 돌아온 학생을 마냥 부러워하는 사람들이 어릴 때 그가 받았을 인종차별과 원어민 사이에서 무시당하지 않으려 이를 악물고 노력했던 어린 시절의 고난을 생각하지 못하는 것처럼 말이다. 나 역시 직접 겪어보기 전까지 막연한 환상을 가지고 있었다.

나는 꿈을 좇는 사람들을 응원한다. 지금 가진 것을 내려놓는 것도 새로운 일에 도전하는 것도 당신의 삶에 그 어떤 특별한 경험을 남길 것만은 확실하다. 다만 겨우 한 걸음을 딛고, 환상과 다르다고 포기하는 것은 도전이 아니라는 것을 기억했으면 한다. 물러설 곳이 있고, 보험이 있더라도 내가 단 한순간도 포기하지 않을 만큼 할 수 있는 모든 도전을 다 하고 돌아오길 바란다. 칼을 뽑았으면 무라도 베라지 않던가. 아무것도 안 베어도 좋으니, 적어도 더는 휘두

브런치의 도시, 멜버른의 유학생

를 방법이 없을 만큼, 알이 배겨, 더 이상 칼을 들 힘이 없을 만큼 휘둘러 봐야 한다.

그래야 빈손으로 돌아오더라도, 나는 이것까지 해봤어. 아무 후회도 미련도 없어. 라고 당당히 말할 수 있다. 그럴 수 있기를 바란다. 그런 노력과 도전의 과정들은 강단과 자존감의 뼈대를 만든다. 최선을 다한 사람은 그 누구도 비난할 수 없다.

시드니에서
노숙하기

외국에 사는 묘미 중 빼놓을 수 없는 게 있다. 바로 가까운 도시와 이웃 나라로 떠나는 여행이다. 휴가를 길게 써도 전혀 눈치가 보이지 않는 문화, 넉넉한 임금과 연차, 그리고 무엇보다 한국에서는 너무 멀어 선뜻 갈 수 없는 나라가 가까이 있기 때문일 것이다. 보통 2주에서 길게는 두 달까지도 연차를 몰아서 사용하고, 풀타임으로 일한다면 누구나 매년 4주의 연차와 2주의 병가가 주어지며, 사용하지 않으면 다음 해로 넘어간다. 물론, 원하면 돈으로 받을 수도 있다.

특히 대부분 2주에 한 번 임금을 지급하는 탓에 길게 여행을 가면 꼭 한 번은 해외를 여행하다 급료를 받게 되는데, 그때만큼은 호주에 살아서 행복하다고 생각했다. 여행을 다니며 돈을 받다니!

호주에 사는 동안 긴 휴가와 여행은 더할 나위 없는 동기부여와 재충전의 시간이 되어주었다.

그뿐만 아니라 호주는 땅덩어리가 넓은 탓에 도시 여기저기를 여행하는 재미가 있다. 번지점프와 서핑이 유명한 케언스, 아름다운 휴양도시 골드코스트, 작은 뉴질랜드라 불리는 타즈메이니아, 경제의 거점이라 불리는 시드니, 호주의 수도인 캔버라, 사막이 아름다운 퍼스와 유학의 도시 애들레이드까지 다양한 분위기의 도시는 짧은 기간 비행기를 타고 이웃 동네에 놀러 가는 사치에 재미를 더했다.

나는 호주에 사는 5년 반 동안 네 번에 나누어 이웃 동네를 여행했다. 자동차를 타고 친구들과 쏟아지는 별을 바라보던 애들레이드, 워킹홀리데이를 와 있는 친구를 따라 놀러 갔던 퍼스, 그리고 나를 보러 겸사겸사 놀러 온 친구와 함께 여행했던 타즈메이니아, 그리고 함께 살던 친구가 돌아가기 전, 함께 여행했던 골드코스트와 시드니가 그렇다.

나는 친구가 그만둔 후, 조금 더 가까운 카페로 옮겨 일하고 있었다. 당시에 일하던 카페는 터키에서 이민 온 가족들이 운영하는 베이커리 카페였다. 정말 눈코 뜰 새 없이 바빴지만, 임금이 꽤 높은 데다 매주 현금으로 임금을 지불해 주었다. 아침 여섯 시부터 오후 두 시까지 일주일에 3일 정도 일했고, 우리 돈으로 60만 원 정도를 받았다. 한 달이면 약 250만 원. 정말 짭짤했지만 미친 듯이 힘들었

브런치의 도시, 멜버른의 유학생

다. 일한 다음 날은 몸이 두드려맞은 것마냥 고단하고 아무것도 하고 싶지 않았다. 하지만 짧고 굵게 일한 덕에 중간중간 짬을 이용해 짧은 여행을 다녀올 수 있었다.

친구의 귀국을 앞두고 마지막으로 함께한 시드니 여행도 그렇게 일이 없는 날을 이용해 다녀온 1박 2일의 짧은 이별 여행이었다.

"어디 가고 싶어?"

"여기 오페라 하우스가 유명하다던데."

"가든도 있대, 가는 길에 있으니까 지나서 가자."

그때까지만 해도 그리 여유가 없었던 나와 친구는 언제나 뚜벅이 여행을 했다. 덕분에 각지의 교통카드(호주는 주마다 사용할 수 있는 교통카드가 따로 있다)를 수집하는 것은 물론, 화려함과는 거리가 먼, 편안하고 털털한 모습으로 여행을 다녔다. 걷고, 걷고, 또 걸었다.

"어? 야, 여기 모자 파는 것 같아. 모자 좀 사자. 햇볕에 탈 것 같아."

우리는 보태닉 가든을 지나던 중, 기념품 가게를 발견하고 그곳에서 모자를 샀다. 이렇게 더울 수가 있을까? 멜버른도 40도가 넘는 더위를 자랑하지만 이건 좀 느낌이 다르다. 훨씬 더 뭐랄까. 후텁지근과는 거리가 먼 대륙의 더위에 가까웠다. 수분기가 하나 없는 따가운 햇볕. 긴바지를 입자니 덥고, 짧은 바지를 입자니, 다리가 탈 것 같은 기분.

우리는 아름다운 보태닉 가든을 지나 커다란 오페라 하우스에서 사진을 찍고 내부를 구경했다. 그리고 하버_habour_가 보이는 식당에서 밥을 먹었다. 사실 외곽으로 나가면 더 많은 것들이 있겠지만 그럴 시간도 체력도 없었기에 가장 유명한 오페라 하우스를 보는 것으로 여행의 목표는 달성한 셈이었다. 하버를 바라보며 칩스_chips_를 안주 삼아 와인을 마셨다.

"아침 비행기라고 했나?"
"어, 새벽 비행기야. 넌?"
"나는 아침. 너 가고 아침 먹고 나면 시간 맞을 것 같아."

애초부터 친구를 보내고 돌아갈 요량으로 끊은 티켓이었다. 친구는 시드니 공항에 잘 수 있는 곳이 있다고 새벽까지 공항에서 버티자고 제안했다.

"노숙하자고?"

브런치의 도시, 멜버른의 유학생

나는 놀라서 물었다. 노숙이라니! 정말 돈이 없을 때도 백패커backpacker만큼은 하지 않으려고 차라리 밥을 굶던 나였다. 그런데 느닷없이 시드니에서 노숙이라니!

"블로그 보니까 할 만한데. 새벽 비행기인 사람들이 잘 수 있는 곳이 따로 있다고 하더라고."

나는 조금 불안했지만, 특별히 반대하지는 않았다. 반년을 동고동락한 친구가 돌아가는 마당에 시드니에서 하루 노숙하는 게 뭐 그리 대수란 말인가. 우리는 저녁으로 회전 초밥을 먹고 가나쉐ganache 초콜릿 숍에 들렀다. 이것저것 고르고는 계산을 하려는데, 동양인으로 보이는 점원이 말을 걸었다.

"여행 온 거예요? 어디에서 왔어요?"
"저는 멜버른에 살고, 친구는 이번에 한국으로 돌아가요."

그는 멜버른에 간 적이 있다며 친근하게 말을 이어갔다. 몇 마디를 주고받다 우리는 친구가 되었고 그는 할인도 해주었다. 그는 곧 멜버른을 방문할 일이 있을 것 같다며, 멜버른에 오거든 연락하겠노라 말했다.

"와, 너 진짜 친화력 대단하다."

그러게, 전에는 이 정도는 아니었는데. 과연 환경이 성격에도 영향을 주는 모양이다. 모르는 사람과 인사하고 안부를 묻고, 만난 지 30분 만에 친구가 된다. 한국에서는 아주 드물고 이곳에서는 아주 흔한 일이다. 우리는 숍을 나와 하버 벤치에 앉아 야경을 구경했다. 평화로웠다. 친구가 호주에 도착했을 때부터 지금까지 반년, 정신없이 흘러가던 그 시간이 꿈같이 느껴졌다. 어학교, 스타벅스, 마켓, 카페. 많은 일이 있었지만 모두 찰나의 순간이었다.

"돌아가면 뭐 할 거야?"
"복학해야지. 그리고 좀 쉬다가 공무원 준비하려고."

아이러니하게도 친구는 외국 생활을 하며 공무원을 해야겠다 다짐했다고 말했다.

"이번에 확실히 알았어. 나는 외국 체질은 아니야. 한국이 좋아."

이럴 수도 있구나. 나와는 너무 다른 성격, 다른 반응, 다른 결

브런치의 도시, 멜버른의 유학생

론을 가진 이 친구를 나는 이해하기보다 그냥 받아들이기로 했다. 그게 네가 정한 길이라면 그것도 맞는 길일 테니까.

시드니 공항에 도착한 우리는 새벽까지 머물 곳을 찾았다. 친구가 말한 노숙을 할 수 있는 곳이라는 건 노숙이 가능하도록 허용한 좌석을 말하는 거였다. 여러 개의 의자를 침대 삼아 잔다는 건가? 눈을 붙일 수 있는 건 다행이지만 허리가 아플 게 뻔했다. 우리는 인터넷을 검색하다 '운이 좋으면 수유실을 쓸 수 있다'는 글을 보고 수유실을 찾아갔다. 아기의 기저귀를 갈기 위함인지 그곳에는 정말 작은 간이침대 같은 커다란 대가 있었다. 언뜻 보면 병원 수술대 같기도 했다. 우리는 그곳에서 몸을 뉘고 잠깐 눈을 붙였다. 중간에 진짜 임산부가 와서 자리를 비켜주었지만 그래도 잠깐이라도 누워서 눈을 붙일 수 있었던 것만으로 행운이었다.

새벽 여섯 시. 게이트가 열리고 나는 친구를 배웅했다. 뭐랄까. 아쉽다고 표현하기에는 훨씬 더 복잡한 기분이었다. 슬픈 것 같기도, 아닌 것 같기도 했다. 이게 대체 무슨 기분일까. 그녀를 보내고 멜버른으로 돌아가는 비행기에 오를 수속을 밟았다. 몇 시간이 지나 멜버른에 도착하고, 나는 그녀가 남긴 메시지를 발견했다. 떠나는 비행기 안에서 보낸 메시지였다.

'너를 위한 선물을 숨겨놨어.'

선물? 나올 때 그런 건 전혀 눈에 띄지 않았는데. 나는 집에 도착해서 집 여기저기를 뒤졌다. 그러다 침대 옆 베드사이드*bedside table* 밑에서 그녀가 쓴 편지를 찾았다. 커다란 종이에 쓴 편지는 돌돌 말려 리본으로 묶여 있었다. 거기에는 그간 고마웠다는 인사와 다사다난했던 동거에 대한 이야기가 쓰여 있었다.

아무리 생각해도 내가 너한테 해줄 수 있는 게 이것밖에 없더라고 운을 뗀 편지는 처음 호주에 온 날부터 어학교를 다니고 이력서를 꾸려 취직하고 좌절하기를 반복하며 겪었던 감정들을 꾹꾹 눌러 쓴 듯, 단단한 문체로 A3 크기의 종이를 가득 메우고 있었다.

나는 네게 무엇을 주었을까. 네가 처음 워킹홀리데이 이야기를 꺼냈을 때 나는 뛸 듯이 기뻤다. 네게 내가 사는 세계를 보여주고 싶었다. 대학 졸업을 앞두고 진로를 고민하는 네게, 보고 자란 세계가 전부가 아니라는 걸, 더 넓은 세계와 더 많은 가능성이 있다는 걸 알려주고 싶었다. 네가 새로운 문을 열며 너무 많이 다치지 않도록 옆에서 도와주고 싶었다.

내가 뭐라고 그런 생각을 했을까. 돌아가는 너를 보며 혹여 내가 너무 많은 부담을 준 것은 아닐까. 네가 나 때문에 더 혼란을 겪고, 홀로 설 소중한 기회와 시간을 스쳐 가버린 건 아닐까. 그런 걱정과 미안함에 한동안 멍하니 그 자리에 머물렀다.

브런치의 도시, 멜버른의 유학생

세상에서
가장 어려운 일 ~~~~~~~~~~~~~~~~~~~~~~~~~~~~~~

든 자리는 몰라도 난 자리는 안다고 했던가. 본래 혼자 쓰던 방, 혼자 지내던 공간일 터인데, 침대도 방도 커다랗게 느껴졌다. 불행인지 다행인지, 공허한 빈자리를 더듬을 새도 없이 내 삶은 빠르게 채워졌다. 쏟아지는 에세이와 발표, 시험과 일을 반복하며 어쩌면 일부러 더 정신없이 시간을 보냈다. 뒤를 돌아볼 여유가 아직은 사치에 가깝다고 생각했다.

여행에서 돌아오고 시간이 조금 더 지나, 나는 카페에서 사무직으로 이직을 준비하기 시작했다. 사실 영주권을 가지고 있지 않은 외국인 신분으로 사무직을 한다는 건 꽤 어려운 일이다. 실제로 졸업 후에도 제대로 된 일자리를 찾지 못해 돌아가는 사람들이 허다할 정도였으니까. 그만큼 하고 싶은 사람들은 많고 자리는 없었다.

과연 학생 신분으로 가능할까? 싶지만 사실 해보지 않으면 아무도 모르는 일이다. 외국에서 바닥부터 시작해 알게 된 게 있다면, 세상에서 가장 어려운 일은 시도조차 해보지 않은 일이라는 것.

안 될 거라는 생각에 시도조차 해보지 않은 일들은 결국 못한 일이 되어, 내 세상에서 영원히 어려운 일로 남는다. 불가능한 일을 가능한 일로 만드는 가장 중요한 포인트는 시도하는 것이다. 적어도 시도하는 순간 불가능은 가능성으로 바뀐다. 비록 그 시작은 아주 미비할지라도.

보통 대학교 학생 지원*Student Support* 시설이나 유학원에 가면 원하는 직종의 이력서 샘플을 받거나 직접 쓴 이력서를 검토받을 수 있다. 혹시 외국 취업을 꿈꾸는 사람이 있다면 커버 레터*cover letter*는 반드시 현지 기관이나 믿을 만한 현지인에게 검토받기를 추천한다.

호주와 한국은 이력서의 틀이 정말 많이 다르다. 특히 여기서는 한국의 자기소개서와 같은 커버 레터를 꼭 써야 하는데, 내가 어디서 태어나 어디서 자랐고 어떤 환경에서 자라 왔는지 소설 쓰듯이 썼다가는 낙방이다. 호주의 커버 레터는 좀 더 직설적으로 내가 왜 이 회사에 이 자리에 어울리는 사람인지를 적극적으로 어필하는 것에 가깝다. 내 전공과 경력을 중심으로 내가 얼마나 훌륭한 사람인지를 서술하는 과정이다. 우리 집 구성원이나 내 유년기, 호주에 건

너온 이유 따위에 이들은 관심이 없다. 대신 한 번 커버 레터를 써 놓으면 같은 직종의 웬만한 회사는 정말 앞에 한두 문장만 바꿔서 제출할 수 있다.

처음에는 정말 분별없이 지원했다. 물론 모두 떨어졌다. 정말 아무 데서도 연락이 오지 않았다. 생각 없이 지원하던 나는 생각이라는 걸 해보기로 했다.

'수많은 이력서 중에서 나를 뽑아야 할 이유가 뭘까?'

그리고 생각 끝에 지원한 곳이 '외국어를 해야 하는 일'이었다. 많은 외국인이 모여드는 이곳은 영어는 물론이지만, 한국어나 일본어 같은 제2외국어를 해야 더 유리한 일이 더러 있다. 호텔 프런트_front_나 외국계 회사들이 그렇다. 보통 이런 회사들은 반은 현지인, 반은 외국인으로 이루어져 있고, 본사와 연락할 일이 많아 외국어를 한다는 것에서 큰 가산점을 받을 수 있다. 물론 영어를 할 수 있다는 걸 전제로.

나는 일본어나 한국어가 가능한 사람을 우대하는 곳에 이력서를 넣기 시작했다. 외국어를 우대하면서 파트타임으로 근무가 가능한 일. 그런 곳을 찾아 모조리 넣었다. 하루에도 세 번씩, 아침, 점심, 저녁으로 구인 사이트를 확인하고 지원하기를 반복했다. 그렇게 한 달 정도 지났을까. 한 유학원에서 연락이 왔고, 그곳에서 첫 사무직을 시작했다.

채용 과정에서 가장 인상 깊었던 일을 꼽자면 당연히 면접이다. 한국에서 외국계 회사의 면접을 볼 때도 비슷한 경험을 했는데, 3개 국어를 모두 써서 면접을 본다. 면접관은 총 네 명이었고, 한국인, 일본인, 그리고 중국인이 내게 무작위로 질문을 던졌다. 나는 질문 받은 언어로 대답했다. 영어로 질문하면 영어로, 일어로 질문하면 일어로, 한국어로 질문하면 한국어로 대답했다. 솔직히 말하면 정신이 하나도 없었다. 질문하는 그들도 내가 신기한지, 상황이 재미있는지 퍽 신이 나 보였다. 그렇게 한 시간 남짓의 면접이 끝나고 일주일 뒤, 합격 통보를 받았다.

그렇게 정신없는 시간을 보내며 학업도 마지막 해에 접어들 때 즈음, 내 인간관계에도 변화가 일어났다. 나는 그동안 키다리 아저씨와 꽤 많이 가까워져 있었는데, 당시에 그는 졸업 후 피츠로이 *Fitzroy*에 위치한 회계 전문 회사 *accounting firm*에 다니고 있었다.

피츠로이는 예쁜 카페들로 유명한 마을이었다. 시티에서 조금 벗어난 근교답게 큰 건물이 없고, 그리스식으로 지어진 건물들은 아기자기한 파스텔 톤으로 지어져 알록달록 귀여운 풍경을 만들었다. 아름다운 모습만큼이나 훌륭한 마을 사람들의 센스는 독특하고 느낌 있는 문화와 명소를 만들었고, 자연스레 사람들이 모여들

브런치의 도시, 멜버른의 유학생

며 발전했다.

그는 그곳에서 일하며 종종 나에게 주변 맛집이나 명소들을 소개해 주었다. 선뜻 끼기 어렵게 느껴질 만큼 유흥이 가득한 자유로운 분위기의 펍이나, 이런 마을에 이런 곳이 있다니! 싶을 정도의 전통 일식집이 숨어 있는가 하면, 거리 여기저기 숨겨진 그라피티 아트를 찾아보며 걷기도 했다. 그와 보내는 시간은 내 바쁜 일상 속, 잠깐의 쉼표 같았다. 혼자서는 가지 않을 장소들, 정신없이 흘러가는 시간 속에 지나쳤던 다양한 행복을 바라보는 시간이었다. 거기에서 그쳤어야 했다.

언젠가부터 떠오른 의문. 뭔가 이상하다는 직감. 지금이라면 구태여 확인하지 않고 적당히 거리를 지키며 방관했을 그런 기분. 하지만 그때의 내게는 그런 참을성이 없었다. 뭐든지 파헤쳐야 직성이 풀렸다. 그는 특이한 패션 센스와 예쁘장한 외모 덕에 그렇지 않아도 종종 오해를 받고는 했다. 어느 날, 저녁을 먹는 자리에서 나는 고민 끝에 운을 뗐다.

"이상한 질문일 수도 있어요. 아니라면 죄송해요. 혹시⋯."

말을 다 마치지 못하는 나를 보고 그는 예상한 듯 웃음을 터트리며 말했다.

"아, 아니에요."

"네?"

"남자를 좋아하지 않아요."

아, 아니구나. 그렇게 말하고 다시 고민하는 내게 알겠다는 듯, 그가 먼저 말했다.

"여자친구가 있어요."

어쩜 안 좋은 느낌은 틀리지를 않는지. 아아, 이걸 뭐라고 해야 하나.

"그런데 저랑 이러고 있어도 괜찮아요?"

굳이 따지자면 무슨 일이 있던 건 아니다. 하지만 아무 일이 없다고 떳떳한 걸까? 주에 두세 번씩 만나서 데이트하며 시간을 보내고, 특별한 일 없이 만나 온종일 같이 보내는 그런 것들이 친구라는 명목으로, 아는 사람이라는 명목으로 다 괜찮아지는 걸까. 아니, 차라리 거리낌 없는 친구라면 나도 개념치 않았으리라. 하지만 이런 분위기, 이런 기분, 이런 걸 친구라고 치부할 수 있을까. 이런저런 생각이 스쳐 가는 와중 그는 이렇게 대답했다.

"그러게."

아, 차라리 몰랐으면 좋았을 것을. 그랬다면 그냥 친절한 사람, 좋은 사람으로 기억할 수 있었을까? 모르는 게 약이라는 말이 떠올랐다. 하지만 정말 그걸로 괜찮은 걸까. 알면 하지 못할 것을, 하지 않을 것을 모르는 채로 해 버리는 게 괜찮은 걸까. 내게는 약일지라도 누구가에는 독이 아닐까. 언제가 됐든 이 찝찝한 기분은 사라지지 않았을 것이다.

여자친구는 한국에 있다고 했다. 벌써 3년이 넘은 장거리 연애. 그가 애인이 있다는 걸 알아차리지 못한 건 그런 이유였나. 하루에 대여섯 시간이 넘는 시간 동안 핸드폰 한번 확인하지 않았던 건, 단 한 번도 여자친구가 있는 듯한 기색조차 없었던 건, 너무 멀리 떨어져 있기 때문인가. 게다가 그는 1년이 넘는 시간 한 번도 한국에 돌아가지 않았다. 그렇게 오랫동안 만나지 않으면서 연애라는 게 가능은 한 걸까.

사람 사이의 일은 모른다 했으니, 어쩌면 그들의 관계는 내가 생각할 수 없는 그 어떤 것일지도 모르겠다. 3년이 넘는 장거리 연애, 앞으로도 이곳에서 쭉 살아갈 남자와 앞으로도 한국에서 쭉 살아

갈 여자. 만날 수도 없고, 연락도 자주 하지 않는 사이. 하지만 그게 나와 무슨 상관이란 말인가. 생각만으로 머리가 아프다.

외국인이라서
할 수 있는 일

유학원은 사무직을 경험하기에 퍽 좋은 환경이다. 우선 유학원 직원들은 한국인이라 그렇게까지 큰 부담은 없다. 게다가 학교와 정부는 호주 사람들이니만큼 업무는 모두 영어로 이루어져 많은 걸 배울 수 있다. 각종 서류 작업부터 비자 신청까지 여러 가지 업무를 도맡아 볼 수 있는 곳이기도 하다. 학교와 컨택하고, 이벤트를 기획하고, 유학원을 홍보하고, 인보이스를 발행하고, 커미션을 독촉하는 일까지 웬만한 사무 업무는 다 해볼 수 있다. 그리고 무엇보다, 이 일은 호주에 사는 외국인이라서 할 수 있는 일이다.

한국 유학원에서는 현지에 사는 한국인을 고용하는데, 이 말은 다른 사무직과 달리 호주 현지인과 경쟁이 붙지 않는다는 걸 의미한다. 게다가 늘 수요가 있고, 비자만 안정적이라면 파트타임으로 근무가 가능하다. 대학 졸업 전에 사무직을 경험하기에 이보다 더 좋은 조건이 있을까?

　　하지만 내가 유학원에 근무하며 가장 큰 득을 본 사람은 아마 가족과 친구들이었을 것이다. 유학원에 근무할 무렵, 한국에 있던 언니와 친구들은 모두 졸업을 앞두고 한참 고민하고 있었다. 대부분 마지막 학기를 등록하기 전, 한 학기를 휴학하거나, 고시 공부에 도전하거나, 어학연수를 다녀오고는 했는데, 마침 내가 호주에 있다는 구실로 겸사겸사 호주로 여행을 온 친구들이 있었다.

　　흔히 유학원을 생각하면 학교와 연결해주는 곳이라 생각하지만, 관광여행, 숙소 알선까지 현지에 놀러 온 외국인을 대상으로 하는 거의 모든 것을 하는 곳이다. 덕분에 나는 친구들에게 선물로 관광여행 패키지를 보내주고, 기간이 넉넉할 때는 어학교 체험을 시켜주기도 했다. 지금 생각해보면 퍽 좋은 친구가 아닌가. 어디 나 같은 친구 없나.

　　"지윤 씨, 내일은 연차라고 했나?"

　　그리고 가끔, 친구가 놀러 오면 연차를 내고 다른 주로 함께 여행을 가기도 했다.

　　　　　　　　　　　　　　　브런치의 도시, 멜버른의 유학생

"타즈메이니아 간다고 했지? 좋겠다. 나도 아직 안 가봤는데."

"올 때 선물 사 올게요."

"참, 회의 준비 다 했어?"

이것만 프린트하면 끝나요. 나는 안건과 보고서를 프린트하고 회의실로 향했다. 당시 일하던 유학원에는 중국인과 일본인, 그리고 한국인이 함께 일하고 있었다. 덕분에 회의는 반은 한국어로, 반은 영어로 진행됐다.

"그럼 기획은 이 정도로 하고, 이번 달 실적은 어떻게 되지?"

실적. 영업만큼 실적이 명확히 드러나는 직업도 없지 않을까 싶다. 영업이 적성인 사람도 있겠지만, 나는 아니었다. 매주, 매달, 실적을 보고할 때마다 평가받는 기분, 긴장감이 도는 회의실, 그리고 시간이 지나면 리셋 되는 실적. 어쩔 수 없이 서로가 서로에게 비교되는 경쟁 사회. 모두 각자의 역할에 충실해 매출을 올리던 카페 일과는 달리 일의 대부분이 개인의 실적으로 직결되는 영업은 사람을 피 말리는 재주가 있었다. 간절한 사람일수록 더욱더 쉽게 흔들렸다.

생계를 위협받는 압박감이라고 해야 하나. 숫자 하나 실수하면 안 되는 회계사도 늘 긴장감 속에 살아가지만 이건 종류가 달랐다. 신중해야 하고 집중해야 하기에 스스로 유지하는 긴장감과 달리, 묘한 압박감 속에 짓눌리는 듯한 공기가 흘렀다. 숨이 막혔다.

　　여직원이 우는 일은 허다했고, 큰소리가 오가는 일도 적지 않았다. 남자들은 내색을 안 하는 건지 어디서 혼자 몰래 우는 건지, 겉으로 보기에는 금방 털고 일어나는 듯했다. 하지만 여직원들은 몇 달 버티지 못하고 나가는 일이 많았다. 근무하던 1년 남짓의 짧은 기간, 대여섯의 직원이 스쳐 갔다.

　　사무직이 처음이었기 때문일까? 사람은 적응의 동물이라고, 정작 그 안에 있을 때는 내가 스트레스를 받고 있다는 사실조차 몰랐다. 1년 정도 일하고 마지막 학기에 풀타임 인턴*full–time intern*을 시작하면서 유학원을 그만두고 나서야 내가 그동안 얼마나 힘들었는지 깨달았다. 그리고 내가 얼마나 영업에 맞지 않는 사람인지도. 몸은 편했지만 마음은 한없이 불편한 직업. 나는 영업을 그렇게 기억한다.

　　　　　　　　　　　　　　　브런치의 도시, 멜버른의 유학생

호스티스가
뭘까?

물장사라는 말이 있다. 어린 시절 매체에 비치는 모습을 통해 막연히 '무서운 곳'이라는 인식이 생겼다. 온갖 폭력과 뒷거래가 가득할 것만 같은 말. 그렇기에 친구가 그런 곳에서 일한다는 말을 들었을 때 나는 적잖이 놀랐다. 네가? 하지만 걱정스럽게 바라보는 나와 달리 그는 퍽 태평해 보였다.

"응, 멜버른에 온 후로 줄곧 거기서 일했으니까, 벌써 3년 정도 됐지. 지금은 매니저로 일하고 있어."

어? 얘는 왜 이리 태평할까. 아니, 부끄러워하는 기색도 없이 태평하고 대수롭지 않은 듯한 모습이었다. 그래, 뭐 클럽이나 나이트에서 일하는 사람들도 있지. 바텐더도 많고. 하지만 호스티스를 관리하는 매니저는 좀 다른 얘기가 아니던가. 놀란 듯한 내 모습을 본 친구는 내게, 한번 놀러 오라고 말했다. 절대 네가 생각하는 것처럼 위험한 곳이 아니며, 그럴 일은 없겠지만 여차하면 자기가 나를 지켜 주겠노라고 했다.

"와 보면 오해가 풀릴 거야."

대학교 두 번째 학기, 편입생으로 만난 후로 거의 모든 수업을 같이 듣고 그룹 과제도 같이 하면서 친해진 친구였다. 어릴 때부터 뉴질랜드에서 자란 탓에 영어를 잘하고, 키는 좀 작고 한국인보다는 조금 어두운 피부톤을 가진 그는 여자 친구들보다 말이 많고, 또 말을 재밌게 하는 재주가 있었다. 심성이 착해 폐 끼치는 걸 좋아하지 않으면서도, 웬만한 일에는 짜증 한번 내지 않는 친구였다. 본 세월만 벌써 1년 반, 적어도 위험한 일을 권할 친구는 아니었다.

"그래, 한 번 갈게."

돌아오는 토요일에 마찬가지로 대학에서 만난 안나라는 친구

브런치의 도시, 멜버른의 유학생

와 함께 그곳을 방문하기로 했다. 안나는 한국계 일본인으로, 한국인과 일본인의 혼혈인 유학생이었다. 어린 시절을 일본에서 자랐지만, 한국어도 잘해서 안나와 둘이 있을 때는 주로 한국어를 썼다.

"평일 저녁은 한가하니까 바에서 놀다 가."

우리는 그러겠노라 약속하고 헤어졌다. 혼자 가는 것도 아니고, 친구도 있으니 별일은 없겠지. 그런데, 무서운 곳이면 어쩌지? 호스티스가 뭘까? 클럽은 몇 번 가 봤지만, 사람이 곁에서 직접 서비스를 해주는 곳은 지금껏 가본 적이 없었다. 나는 인터넷에서 일본 호스티스를 검색했다. 이미지 속에는 파티를 가는 것처럼 기다란 드레스에 화려한 메이크업과 머리모양을 한 사람들이 가득했다. 온갖 살갗을 드러내고 천 쪼가리인지 옷인지 모르는 옷을 입고 술을 따르는, 내가 생각하던 이미지와는 전혀 달랐다. '대체 어떤 곳일까?'

"혹시 이런 데 가본 적 있어?"

나는 핸드폰을 보여주며 말했다. 앤디는 사진을 몇 장 넘겨보더니, '아, 친구 따라서 가본 적 있어. 아시안이 일하는 바 말이지?' 하고 말했다. 그는 얼마 전까지 타이에서 온 대학원생 여자와 교제했다고 했다. 결혼까지 생각했지만, 그녀가 돌아가면서 헤어진 건 아니지만 사실상 헤어진 것과 다름없는 상황이라고 했다.

"그녀랑 같이 갔었어. 친구가 일하고 있다고 했거든."

그는 그런 곳은 처음이었지만 꽤 재밌었다고 덧붙였다. 자세히 물을까 생각했지만 그만두었다. 어차피 오늘 저녁에 가면 알게 되겠지.

"아, 그거 다 했으면 이것도 좀 해줘."

그는 한 건축업체의 서류 더미를 넘기며 말했다. 파일 하나로는 부족해 두 개의 파일을 엮어 만든 서류의 더미. 할 일이 많은 업체인 모양이다. 파일 더미 속 USB를 꽂아 파일을 확인하고 프로그램에 저장된 업체의 프로파일을 확인했다. 정리할 카드 내역만 네 개. 오늘은 이것만 해도 하루가 다 가겠군.

"이거, 서류 수집은 다 끝난 거야?"
"아마 다 보내주긴 했을 텐데, 없으면 일단 없는 데로 하고, 이상한 거 있음 전화해서 확인해 봐."

아직 확인을 안 했다는 말이군. 한국에서 흔히 말하는 세무 업무를 주로 맡아 하는 이곳은 분기마다 할 일이 넘쳐났다. 인턴을 하던 봄은 그나마 분기별 마감만 있었기에 일을 배울 시간이 있었지만, 다음에 학생들은 일을 배울 틈이 있을까?

기업은 규모에 따라 1년에 한 번, 두 번, 많게는 네 번까지 세금 신고를 하게 된다. 매년 7월 1일에 새로운 회계연도가 시작되는 호주에서는 6월, 7월, 8월이 가장 바쁘다. 모든 개인과 기업들이 회계연도를 마감하기 때문이다. 반대로 쿼터로 세금 신고하는 기업들만 3분기 세금 신고를 진행하는 봄과 가을에는 비교적 일이 많지 않은 편이다. 그래서 인턴을 준비할 때는 시기를 잘 골라야 한다. 보통 바쁠 때 인턴을 많이 뽑는 만큼 기회도 많지만, 그렇게 되면 잡무만 하다 끝나기 일쑤다. 실제로 account payable(지불 계정)이나 account receivable(수금 계정)만 담당하다 끝나는 친구들도 있고, 온종일 인보이스만 처리하는 친구들도 있다. 3개월이 지나면 사라지는 직원에게 모든 프로세스를 하나하나 알려줄 시간이 없는 것이다. 물론 그것만으로도 충분히 도움이 된다. 실제로 저 계정들만을 담당하는 직무가 존재하니까. 나도 여름에 인턴을 했다면 종일 북키핑*bookkeeping*(부기)만 하다가 끝나지 않았을까.

아, 영수증이 끝이 없다. 왜 요즘 같은 세상에 굳이 현금을 지불하고 물건을 사는 걸까? 핸드폰에 모든 카드가 들어 있는 이런 편리한 세상에 말이다. 카드는 프로그램과 연동하면 사용하는 즉시 알아서 프로그램에 기록된다. 어디에서 썼는지, 어떤 계정인지 대부분 알아서 입력되고, 혹시 잘못 들어간 계정만 나중에 reconciliation(계정 조정)만 해주면 된다. 그 많은 거래를 일일이 기록할 필요가 없다는 말이다.

문제는 현금이다. 현금 비용만큼은 프로그램이 알아서 기록해주지 않는다. 큰 기업은 대부분 회사 내부의 회계 부서를 가지고 있지만, 벤처기업이나 중소기업은 대부분은 그런 부서를 따로 두지 않고 외주를 맡긴다. 한국도 호주도, 마찬가지다. 그런 기업들의 경우, 세무 신고를 위한 절차는 더욱 길어진다. 기본적인 부기부터 영수증 처리, 확인, 계정 분리까지 다 우리의 몫이다.

"이제 갈 시간이야. 내일 마저 해."

눈이 뻑뻑하다. 왜 밥 먹고 쇼핑한 영수증까지 다 보내는 걸까. 양심적으로 구분은 좀 해줘야 하는 것 아닌가.

갈아신은 구두를 가방에 넣고 트램 정류장으로 향했다. 북쪽으로 시티까지 한 시간. 인턴이 된 시기도, 담당 회계사도 다 좋은데 너무 멀단 말이야. 보통 풀타임 인턴을 하던 곳에서 오퍼를 받아 일자리로 이어지는 경우도 많지만, 이렇게 멀어서야. 다닐 수가 없다. 여덟 시 반에 시작해서 다섯 시 반에 끝나는 일자리에 가기 위해 새벽 여섯 시에 일어나는 일상은 도저히 사양이다.

트램을 갈아타고 멜버른 시티의 서쪽 끝, 팔리아먼트 스테이션*Paliament Station* 부근에 도착했다. 시티의 동쪽과 달리 서쪽은 대부분 오래된 건물을 그대로 유지하고 있었다. 오래된 건물 특유의 조금은 부패 된 듯한 상아색을 띤 건물들. 그 건물의 3층에, 그곳이 있었다. 일본식 유흥주점. 밤 여섯 시에 시작해 새벽 두 시에 문을 닫는 남자들의 밤, 호스티스가 기다리는 곳.

막상 들어가려니 조금 겁이 났다. 별일이야 없겠지만 내가 이런 곳에 와도 되는 걸까? 아니야. 괜찮을 거야. 안나는 먼저 도착해, 바에서 기다리고 있다고 했다. 그래, 올라가자. 나는 조금 어두운 복도를 지나 리프트를 눌렀다. 리프트는 아주 천천히 올라갔다. 이곳에 리프트들은 무슨 이유에선지 속력이 제각각이다. 눈 깜짝할 새에 30층에 도달하는 게 있는가 하면 이렇게 3층을 올라가는 데에도 온갖 생각을 할 만큼 천천히 움직이는 곳도 있었다. 곧이어 '띵-' 소리와 함께 문이 열렸다. 나는 열려 있는 오른쪽 유리문을 조심스럽게 밀고 들어갔다.

"**おはよう一**。(좋은 아침)"

친구는 조금 신이 난 모양새로 인사를 건넸다. 아침이라니, 지금은 저녁이잖아. 그렇게 말하는데 웃음이 났다. 뭐랄까. 약간의 안심과 낯선 곳에서 본 친구의 모습이 어색해서 웃음이 났다. 뭔가 간질간질한 기분이었다.

"여기서는 다들 이렇게 인사해. 출근 시간은 밤이지만 일의 시작이니까."

아, 그래? 그렇게 말하며 나는 친구의 안내에 따라 바에 앉았다. 음료를 고르라는 말에 메뉴판을 살폈지만 나는 일본 술에 대해 아는 게 없었다.

"그럼 우메슈(일본식 매실주)를 마셔봐."

그렇게 말하며 그는 능숙한 솜씨로 양주잔에 우메슈를 만들어 냈다. 커다란 얼음이 가득한 우메슈는 꼭 음료수처럼 달았다. 술맛은 거의 나지 않았다.

브런치의 도시, 멜버른의 유학생

"맛있네? 이건 뭐야?"

나는 이모슈를 가리키며 물었다. 그는 감자로 만든 술이라며, 한국에 소주 같은 거라고 덧붙였다. 감자로 만들어서 소주보다는 알코올 향이 덜 날 거야. 달지는 않지만.

그가 추천하는 음료를 하나, 둘 마시며 도란도란 이야기를 나누었다. 그렇게 한 시간 정도 지났을 때, 기다란 드레스를 입은 화려한 이목구비의 여자가 다가와 말했다.

"코우키 군 친구?"

아 네, 안녕하세요. 나도 모르게 벌떡 일어나 인사했다. 웨이브로 세팅된 머리, 화장은 수수하지만, 워낙 이목구비가 뚜렷해 화려한 분위기에 그 여자는 아무 특징 없는 단색 드레스를 입고도 가느다란 팔과 허리, 풍성한 가슴 라인이 드러났다.

"인사해, 마마(ママ, 마담)인, 아키코 상."

그녀는 가식 없는 말투로 그와 말장난을 주고받으며 그의 학교생활을 물어왔다. 전혀 당황하거나 불편한 기색이 없는 그녀는 어떤 걸 물어도 태연하고 천진한 말투로 능숙하게 대답했다. 예쁘다기보다는 우아하고 단단해 보이는 사람이었다.

밤 여덟 시가 되자, 하나둘 손님이 찾아왔다. 단체도 있었고 개인도 있었지만 모두 평범해 보이는 사람들이었다. 아니, 애초에 이 공간 자체에 'Room(방)'은 하나밖에 없었고, 나머지는 모두 테이블과 소파로 이루어진 열린 공간이었다. 손님 옆에는 항상 여자 아이들이 있었지만, 그들은 모두 밝은 분위기로 이야기를 나눌 뿐, 눈살을 찌푸릴 만한 성희롱이나 과도한 스킨십은 찾아볼 수 없었다.

"생각만큼 무서운 곳은 아니지?"

그는 웃으며 말했다. 과연, 내가 검색한 이미지와 똑같은 복장을 했지만 내가 생각했던 분위기와는 많이 달랐다. 나도 한국 드라마를 봐서 대충 어떤 생각이었을지 알아. 일본에서도 그런 곳이 있긴 하지만, 이게 보통이야. 그는 덧붙였다.

짧게 본 세상. 겪어보지 않은 세상에 갖고 있던 선입견이 있었다. 세상에는 알고 있다고 생각하지만, 사실은 아무것도 모르는 세상이 있다. 겪어보기 전에 쉬이 단정 지어버리지 말기를. 그렇게 내 시야를 스스로 좁히지 않기를 바랐다.

아무 계획도 없는
여행

~~~~~~

그 후에도 우리는 자주 만나서 놀았다. 그의 일이 끝나는 열 시쯤, 내가 할 일을 다 마치고 집에서 빈둥거리고 있을 때면 '何してるん(뭐해?)' 하고 연락이 왔다. '特に何も。(아무것도 안 하고 있어)' 하고 대답하면 어김없이 전화가 걸려 왔다.

"今からご飯行く(지금부터 밥 먹으러 갈래)？"

그리고 그는 오래된 하얀 스포츠카를 몰고 나를 데리러 왔다. 지금도 일본에서 하얀 스포츠카를 몰고 있는 그는 취향이 확고한 친구였다. 흰색과 금색이 그가 추구하는 콘셉트였다. 가방도 차도 옷도 대부분 하얀색, 액세서리는 전부 금색. 비록 지금은 애 티를 벗고 제법 어른 같은 분위기가 나지만, 이 취향만큼은 변하지 않는다. 한 번은 이런 이야기를 했다.

"올해는 황금 개의 해라고 하더라."
"응, 그렇다더라. 그런데?"
"황금 개의 해라고. 나의 해가 될 거라는 말이지. 나는 금을 좋아하는 개띠니까 말이야."

그렇게 말하는 그는 자신감에 차 있었다. 나는 그래, 분명 그럴 거야, 하고 대답했다. 이런 실없는 이야기를 할 수 있었다.

밤이 그리 밝지 않은 멜버른에서 우리가 가는 곳은 정해져 있었다. 그중에서도 차이나 바China Bar라는 곳을 많이 갔는데, 멜버른에서 거의 유일하게 24시간 문을 여는 아시안 밥집이었다. 무엇보다 양이 많고 저렴해 부담 없이 갈 수 있었고, 엄청 맛있지는 않았지만 무엇을 시켜도 보통은 하는 그런 집이다.

"인턴은 어때?"

배가 반쯤 채워졌을 때, 그가 물어왔다. 두 번째 학기에 편입한 그와는 졸업 시기도 비슷했다. 나도 그도, 마지막 학기를 보내고 있었다.

　"배우는 건 많아서 좋은데, 너무 멀어서 힘들어. 매일 여섯 시에 나가야 겨우 시간에 맞출 수 있어. 너는 인턴 안 해?"
　"으아, 난 못해. 내정内定도 받았으니, 졸업할 때까지 즐기다 갈 거야."

　그는 작년부터 입사 지원을 위해 방학 때마다 일본을 방문했다. 일본에서는 졸업 1년 전부터 입사 지원을 하고, 졸업 후에 일을 시작하기로 내정되는 것이 보통이었다. 졸업하기 전에 취직이 결정되는 것이다.

　"네가 회사원이라니. 상상이 안 간다."

　그는 나도 그래, 하며 웃었다. 매일 오후에 일어나 새벽에 잠드는 그는 간혹 일어나지 못해 결석하고, 연락하면 오후 서너 시 즈음에서야 '寝てた。(자고 있었어)' 하고 답장이 오고는 했다. 최대한 공부하지 않고 학교를 졸업하는 것을 목표로 하던 그가 일본 대기업에 입사한 것도 놀랍지만, 그가 아침 일찍 슈트를 입고 출근하는 모습은 도저히 상상할 수 없었다.

접시를 비우고 우리는 언제나처럼 카페, Welcome Stranger로 자리를 옮겼다. 사실, 말이 카페지 음료를 파는 도박장에 가까웠다. 문을 열고 들어가면 평범한 바*bar*가 있고, 술이나 음료를 시킬 수 있었다. 그리고 조금 몇 계단을 올라가면 그곳은 슬롯머신으로 가득한 도박장. 중간중간 달린 벽걸이 티브이에는 늘 스포츠 경기가 중계되고 있었다. 시끄러운 슬롯 도박장을 지나 조금 더 안쪽으로 들어가면 있는 야외 테이블. 항상 같은 곳, 같은 자리에서, 따뜻한 초콜릿 음료를 시켜 놓고 몇 시간 동안 이야기를 나눴었다. 눈꺼풀이 내려와 밤을 이길 수 없을 때가 되어야 아쉬움을 뒤로하고 귀가하곤 했다.

그러다 어느 연휴 전일, 아마 이스트 홀리데이*Easter holiday* 전날이었던 것으로 기억한다. 모처럼의 연휴에 들뜬 우리는 여느 때처럼 차에서 커피를 마시며 시시콜콜한 이야기를 하고 있었다.

"연휴에 뭐할 거야?"

"계획 없는데, 너는?"

"나도 없는데. 아, 맞다. 슈고 있잖아. 다음 달 초에 일본으로 돌아가."

"아, 정말? 빨리 돌아가네."

"회사 때문에 들어가 봐야 하는가 봐."

슈고는 코우키가 일본 커뮤니티에서 우연히 만난 같은 또래의 남자애였다. 아직 스물셋이라는 어린 나이에 IT회사를 운영하는 사장님으로, 호주에 거래처도 만들 겸 겸사겸사 이름 그대로 워킹 홀리데이*working holiday*를 왔다. 본래 겨울까지 비자를 받았지만 예정보다 일찍 들어가게 된 모양이다.

"이런, 아쉽겠네."
"맨날 같이 놀면서도, 같이 여행 한 번 못 갔는데 말이야."
"걔는 연휴에 뭐한데?"
"몰라. 일하지 않을까? 맨날 집에서 일하고 있잖아."
"여행 가자. 돌아가기 전에."

우리는 곧바로 슈고에게 전화를 걸었다.

"もしもし。(여보세요.)"
"もしもし。おはよー。突然ごめんね。あのさ、祝日予定ある？(여보세요. 안녕. 갑자기 미안, 공휴일 계획 있어?)"

우리는 그의 대답을 숨죽여 기다렸다. 본래 친구들과 만나지 않을 때는 항상 집에서 두 대의 컴퓨터를 켜놓고 죽은 듯이 일하는 친구였다. 당연히 바쁘겠지만, 물어라도 보자는 시도. 꼭 시험 결과를 확인하는 기분이었다.

"特に何も。(특별히 없어)"

우리는 소리 없는 비명을 지르며 깜짝 놀라 곧바로 물었다.

"じゃあ一緒に旅行行かない? 俺とリアと三人で。(그럼 같이 여행 갈래? 나랑 리아랑 셋이서.)"

"いいよ。(좋아.)"

우리는 깜짝 놀라 그때부터 여행 준비를 하기 시작했다. 3일 밖에 없으니까 멀리는 못 가. 비행기를 예약하기는 너무 늦었으니 자동차 여행을 가자. 자동차 여행이면 어디? 애들레이드! 차로 반나절이면 가. 나는 운전 못 하는데! 괜찮아. 나랑 슈고랑 번갈아 가면서 하면 되니까. 차는 내가 빌려올게. 그럼 숙소는 내가 예약할게!

그렇게 우리는 바로 다음 날, 애들레이드로 여행을 떠났다. 아무 계획도 없는, 즉흥적인 여행. 딱히 봐야 할 것도 꼭 해야 하는 일도 없이, 그냥 차를 타고 뻥 뚫린 길을 가는 것만으로 신이 났다. 가뜩이나 말이 많은 우리는 차를 타고 이동하는 내내 쫑알쫑알 대

브런치의 도시, 멜버른의 유학생

화를 나눴다.

　밤이 되자, 정말 아무것도 없는 그 길은 달빛을 받아 고요하게
빛났다. 우리는 천천히 속도를 낮춰 달렸다. 나는 왜 아무도 없는 길
을 천천히 가느냐고 물었다.

　"갑자기 캥거루가 튀어나올 수도 있어. 저번에 여행하다 동물
을 친 적이 있거든."

　슈고가 말했다.

　"캥거루? 캥거루를 치면 어떻게 되는데?"
　"어떻게 되긴, 캥거루도 차도 박살 나는 거지."

　아, 그러네. 캥거루는 토끼 같은 소동물이 아니었지.

　"그럼 너는 어떻게 살아 있는 거야?"
　"내가 친 건 족제비였으니까. 덕분에 차에 치인 시체를 치우
고 세차를 해야 했어."

　으~. 나도 모르게 얼굴을 찌푸렸다. 듣는 것만으로 동물의 시

체와 끈적거리는 혈흔이 떠올랐다. 차에 치인 그 동물은 눈을 감기 전 어떤 생각을 했을까.

"그래서 어떻게 했어?"
"뭘?"
"죽은 사체 말이야! 어떻게 치웠어?"

그는 더 이상 차에 치이지 않도록 변두리에 치워 준 것이 전부라고 했다.

"삽이 있는 것도 아니고, 주행하다 말고 묻어줄 수는 없잖아."

길 한복판에 차를 세우고 묻어줄 수는 없는 걸까. 작고 연약해 보이는 동물들의 이야기를 들으면 쉬이 동정이 간다. 나보다 작고 연약하다고, 그렇게 믿고 있기 때문일까. 친구가 한 대 맞는 것보다 길고양이가 맞는 걸 보는 게 더 마음이 안 좋다. 전자는 싸움이지만 후자는 학대처럼 여겨지기 때문일까.

"의외로 작은 동물들은 행복할지도 몰라. 과거를 일일이 기억하며 복잡하게 사는 건 인간 정도라고."

그래. 인간은 복잡하다. 이때만 해도 조금만 쉴 틈이 생기면 미뤄둔 고민이 어느새 머릿속을 헤집고는 했다. 졸업하면 지금 일하는 곳에 취직하게 될까? 한국에 돌아갈까? 아니야. 그래도 이왕 나온 김에 경력을 쌓고 싶어. 그냥 이대로 계속 호주에 살아도 괜찮지 않을까? 취직이 안 되면 어쩌지? 원어민도 아닌 외국인을 회계사로 쓰는 곳이 있을까? 아예 새로운 나라에 가볼까?

그러다 보면 어느새 내 생각들은 알 수 없는 곳으로 흘러 빠져나올 길을 잃어버리고 방황한다. 나는 대체 뭘 하면서 살아야 하는지, 내 인생의 이유라는 게 있는 건지. 그런 고민을 하염없이 맴돈다.

우리는 어느 깜깜한 길 위에 차를 댔다. 슬슬 쏟아져 오는 잠에 뒤척이는 동안 꽤 오래 달려온 모양이다. 슈고와 코우키는 자리를 바꾸기 위해 차에서 내렸다. 그리고는 톡톡 창문을 두드렸다. 나는 창을 쬐끔 열고 물었다.

"왜?"
"내려서 하늘 좀 봐."

하늘? 나는 차에서 내려 오랜 시간 드라이브로 찌뿌둥한 몸을 일으켰다. 새벽에 찬 공기가 훅 몸 구석구석을 파고들었다.

"절경이야."

친구 말에, 옷을 여미고 하늘을 올려봤다. 그곳에는 사진에서나 보던, 그림으로나 보던 무수히 많은 별이, 무수히 많은, 정말 점 같은 별들이 밤하늘을 수놓고 있었다. 작은 별들은 그 작은 빛을 조금씩 모아, 기다란 길을 그리는 듯했다. 그들은 있으면서 없었고, 보이는 듯 사라지며 가늠할 수도 없는 거리감으로 나를 바라보고 있었다. 깊이를 알 수 없는 하늘은 흐르는 듯 멈춘 듯 그곳에 있었다.

사막에 있을 때도, 은하수를 바라보면서도, 늘 비슷한 생각을 했다. 거대한 자연 앞에 사람은 한낱 미물일 뿐이구나. 그러면 나보다 더 작은 내 사사로운 고민은 더욱 사사롭게 느껴져, 아무래도 좋아졌다. 사람들이 인생에 회의가 느껴질 때 어딘가로 떠나는 건 이런 것 때문일까.

Chapter 3

발자국을 찍어 길을 만들다

지나 보면
알겠지

나는 법률 사무소의 이직 1차 면접을 통과한 후, 최종 비디오 면접을 앞두고 있었다. 당시 대표가 출장 중이었던 관계로, 다른 법무사와 면접을 보게 된 탓에 일정에 없던 2차 면접을 보게 되었다. 일정에 없던 면접이니만큼 웬만해서 취소될 일이 없는 내정 상태였다. 회계학을 전공한 만큼 회계 사무소에서 일하고 싶었지만, 가릴 처지가 되지 못했다.

당시에 나는 인턴을 마지막으로 학교를 졸업하고, 한 제조 서비스 업체의 회계 및 관리 파트로 일하고 있었다. 비록 집에서 조금 거리가 있는 곳이었지만, 일도 크게 어렵지 않았고, 무엇보다 회계 업무를 보며 경력을 쌓을 수 있다는 점이 좋았다. 호주에서는 학력도 비자도 중요하지만, 무엇보다 중요한 건 경력이다. 경력이라고는 인턴밖에 없는 외국인은 일을 고를 수 없었다. 졸업자는 많고, 일자리는 한정되어 있다. 때마침 회계를 담당하던 직원이 노티스_notice_(그만 두겠다고 고지하는 행위)를 내면서 생긴 자리였다. 파트타임인지라 돈벌이도 별로 되지 않는 데다, 마음에 쏙 드는 일은 아니었지만, '1년만 꾹 참고 다니자'는 마음으로 출근을 시작했다. 하지만 그로부터 두 달 후, 나는 다시 고민해야 했다.

"레이첼이 그만두지 않겠다고 번복했습니다."

당황스러웠다. 본래 3개월 동안 파트타임으로 일을 배우고 그녀가 퇴사한 후에 풀타임으로 고용될 예정이었는데, 그녀가 퇴사하지 않겠다 선언한 것이다. 그럼 나는 어떻게 되는 거지? 온갖 생각과 불안감이 밀려왔다. 그는 말을 이었다.

"저희 측에서도 꽤 난감한 일이지만, 오랜 기간 함께한 그녀를 내칠 수는 없다 결론을 지었습니다. 물론, 이미 파트타임으로 고용한 만큼 리아 씨의 포지션도 그대로 유지할 생각입니다. 다만, 사정이 이러해서 풀타임 전환은 어렵게 되었습니다. 죄송합니다."

그는 마지막으로 충분히 생각해보고 말해달라는 말을 남기고 돌아갔다. 뒤통수를 맞은 느낌이 이런 걸까. 나는 멍하니 있던 정신을 잡고 우선 자리로 돌아왔다. 그리고 생각에 잠겼다. 가뜩이나 파트타임으로 이미 석 달을 보낸 터라 주머니 사정이 넉넉지 못했다. 게다가 레이첼이 그만두지 않는다면 본래 회계 담당이었던 그녀의 업무를 완전히 받기는 어려웠다. 결국 회계_accountant_ 포지션이 아닌 관리_administration_ 포지션으로 남게 된다는 이야기였다. 풀타임으로 돈을 벌며 1년을 채울 셈이었는데, 그 무엇도 충족할 수 없게 되어버린 것이다.

뭐 이런 경우가 다 있지? 그간 돈을 포기하며 일한 나의 3개월이 아깝고, 퇴사를 번복한 레이첼이 미웠다. 하지만 결론은 하나였다. 여기에 더 있을 이유가 없었다. 나는 담당 매니저에게 일을 구하는 대로 퇴사하겠다고 밝혔다. 물론, 회사에서 마다할 이유는 없었다. 생각해보면, 계약 내용과 다르니 실업 수당을 청구하고 집에서 쉬는 방법도 있었지만 (회사 측의 이유로 해임될 경우 한두 달 정도의 월급을 회사 측에서 지급해야 한다) 당시에는 고용법도 잘 알지 못했고, 후 고용 시에 reference(참고인, 주로 전 고용인에게 이력서에 적은 경력 사실이 맞는지, 그만두게 된 이유는 무엇인지 등을 확인한다)를 생각하면 괜한 분란을 만들고 싶지 않았다.

데스크에 앉아 구인 사이트를 뒤적였다. 또다시 일을 구해야 하다니! 눈앞이 깜깜하고 스트레스가 밀려왔다. 새 직장을 구할 때까지 일할 수 있는 건 다행이었지만, 본래 없었던 포지션인 만큼, 오래 끌면 눈치가 보일 터였다. 게다가 오래 끌수록 돈을 벌 수 있는 시간도, 저금도 사라질 것이다.

'그래, 경력도 경력이지만, 우선 먹고 살아야지!'

그때부터 나는 지난 나의 경험이 도움이 될 만한 곳, 집에서 출퇴근하기 어렵지 않은 곳을 위주로 이력서를 넣었다. 이미 유학원이다, 인턴이다, 사무직 경험이 꽤 쌓였던 터라, 회계사무소에 취직하는 건 어려울지 몰라도 사무직 일자리를 찾는 건 그리 어렵지 않았다. 그러다 한 구인 광고가 눈에 띄었다. 법률 사무소의 사무 업무를 보는 자리였는데, 아침부터 저녁까지 하루 여덟 시간, 주 5일 일하는 풀타임인데다, 멜버른 시티 한복판에 위치해 있었다. 무엇보다 '유학원 경험자 우대'라는 조건이 채용 가능성을 높여줄 터였다. 게다가 법률사무소라면, 회계사무소와 가장 많은 협업을 하는 곳 중 하나였다.

'설령 회계로 연결되지는 못하더라도, 배울 건 있겠지.'

기존 이력에 경력을 추가하고 간단하게 커버 레터를 작성해

보냈다. 이틀이 지나 면접을 보고 싶다는 연락이 왔다. 회사에는 연차를 냈다. 파트타임도 연차를 받을 수 있다는 건 참 좋은 제도다. 비록 주 20시간밖에 일하지 않지만, 4대 보험과 연차, 병가를 모두 받을 수 있는 제도였다. 반대로 이런 걸 보장받을 수 없는 자리는 '캐주얼 *casual*'로 분류되어, 기본급을 1.5배 정도 높게 받았다. 보험이나 연차가 보장되지 않는 만큼 시급으로 받아 갈 수 있도록 하는 제도였다.

시티 서쪽에 위치한 고층 빌딩으로 들어섰다. 시티 중앙은 비교적 신식 건물이나 리모델링 된 건물이 많은 반면, 서쪽이나 동쪽 끝은 옛날 건물을 그대로 유지해 놓은 곳이 많았다. 덕분에 거대한 빌딩은 높은 천장과 고풍스러운 외벽으로 한층 위엄 있는 자태를 뽐냈다. 분위기에 눌릴 것만 같아 괜히 옷을 여몄다. 괜찮아. 면접 한두 번 보는 것도 아니고, 안 되면 또 찾으면 돼.

리프트가 멈추고 안으로 들어서니 단발머리의 여자와 비교적 젊은 긴 머리의 여자가 나를 맞았다. 대표석은 자리를 비운 듯했다.

"안녕하세요, 리아라고 합니다. 면접이 있어서 왔는데요."

나는 단발머리 여자분 앞으로 안내되었다. 법무사라는 그 여자는 목까지 오는 칼 단발에 슈트를 입고 나를 맞았다.

발자국을 찍어 길을 만들다

"긴장하지 말아요. 나도 대표는 아니에요. 대표가 지금 출장 중이라서 내가 대신 보게 되었어요. 출장이 길어질 예정이라, 면접을 통과하면 후에 화상으로 대표님과 간단한 면접을 보게 될 거예요."

긴장하지 말라고 하지만 긴장이 되는 건 어쩔 수 없었다. 아무리 편한 면접이라도 나를 평가하는 자리가 아닌가. 처음 오는 낯선 곳에서 나를 평가하겠다는 사람 앞에 앉아 긴장하지 않는 방법이 있을까.

법무사는 내게 학교 전공과 앞으로의 계획, 그리고 유학원에서 어떤 일을 했는지 물었다. 법률 사무소에서 유학원 경력을 선호하는 것은 꽤 흔한 일이었다. 이민 신청이 많은 호주에서는 학생 비자나 워크 비자부터 영주권, 시민권 신청까지 한 달에 몇백 건이 되는 사례가 쏟아져 나왔다. 대부분의 유학원은 학교에 학생을 연결하는 일과 함께 간단한 비자를 신청할 수 있도록 도와주는 업무도 겸하는 곳이 많았다. 비록 법률사무소에서 하는 것과는 비교할 수 없을 만큼 간단한 것들이었지만, 가르치려면 꽤 시간이 걸리는 데다, 처음에는 퍽 겁나는 일이기도 했다. 실수하면 의뢰인의 인생이 꼬일지도 모를 일이다.

면접이 끝나고 며칠 뒤, 합격했다는 연락을 받고 회사에 노티스를 냈다. 풀타임 전환이 만류된 지 일주일 만의 일이었다. 생각보다 빠른 퇴사 소식에 당황한 듯했지만 매니저는 시티에 갈 일이 있으면 연락하겠다며, 이렇게 되어 미안하다고 덧붙였다. 물론, 그 후로 연락하는 일은 없었다.

저금이 떨어져 가던 터라 쉴 틈 없이 바로 일을 시작했지만, 긴 연휴가 끼어 있는 탓에 일주일 정도 휴일이 생겼다. 이직 사이에 생긴 휴식이니만큼 아무 생각 없이 떠날 수 있는 휴가였다. 남겨놓고 온 일도, 앞으로의 일도 당장 걱정할 게 없는 홀가분한 휴가. 하지만 여전히 한 치 앞을 내다볼 수 없었다.

어릴 적 한 수업에서 10년 후 내 모습을 그려보는 시간이 있었다. 당시 나는 스물일곱의 나를 그려보려 했지만 좀처럼 상이 떠오르지 않았다. 빛나는 전문직 여성도, 조강지처도, 그 무엇도 상상할 수 없었다. 오히려 친구들을 보면 이럴 것 같아! 이런 거 잘 어울리겠다! 싶은 상이 떠올랐지만, 나 자신만큼은 도저히 아무 생각이 나지 않았다. 나를 보는 친구들도 마찬가지였다.

"너는 정말 어디서 뭘 하고 있을지 모르겠어."

친구들은 입을 모아 말했다. 되고 싶은 것도, 가고 싶은 과도 없었던, 어디로 튈지 모르는 아이. 나는 그런 애였다.

'지나 보면 알겠지.'

그렇게 생각했던 것 같다. 하지만 지금은 어떠한가? 이제는 10년은 고사하고 당장 1년 뒤도 알 수 없는 처지에 있었다. 그때는 적어도 학교를 졸업하고 대학에 진학하리라는 것 정도는 예상할 수 있었지만 지금은 당장 내년에 어느 나라에서 어떤 일을 하고 있을지조차 가늠이 되지 않았다. 내 삶은 어디로 가고 있는 걸까?

이대로는 이런저런 생각에 가득 차, 휴일을 상념에 가득 찬 우울한 날로 보낼 게 뻔했다. 모처럼의 휴가를 그렇게 보낼 수는 없지. 나는 전부터 한번 놀러 오라던 친구에게 전화를 걸었다.

"뭐, 왜."
"아직 퍼스에 있어?"
"어, 왜."
"놀러 가려고, 2주 뒤에. 가능해?"
"진짜? 티켓만 끊어. 나머지는 내가 알아서 할게."

이왕이면
사막에 빠져 죽고 싶어

퍼스로 향하는 비행기에 오를 때, 나는 퍽 복잡한 기분이었다. 말로 설명할 수 없는, 너무 많은 생각에 도화지를 검은 선으로 마구 도배해 놓은 듯한 기분. 생각해보면 학생이라는 직업은 많은 것을 제한함과 동시에, '어쨌든 직업'이라는 안정감을 함께 제공한다. 다른 무언가를 하지 않아도 이미 무언가를 하는 상태로 인정되는 것이다. 학생 시절에도 미래에 대한 두려움이 있었지만 적어도 '학력'이라는, 특별할 것 없지만 없으면 안 될 것 같은 이력을 채워주고 있었으니까.

일을 구할 때도 그렇지만 특히 비자 신청을 할 때는 공백, 즉 백수였던 기간은 꽤 치명적이다. 호주 이민성에서는 6개월 이상 아무 이력이 없으면 비자 발급 시에 걸림돌이 될 수 있다. 사람이 반년 동안 어떤 활동도 하지 않았다는 것이 이상하다는 관점이다. 일을 하든, 공부를 하든, 아니면 여행을 가든, 무엇이라도 좋으니 그간의 행적을 알 수 있어야 한다. 결혼해서 주부로 살며 돈을 벌지 않았더라도 '주부'라는 직업을 적는다.

그래서 대학을 막 졸업한 우리들은 취업이 될 때까지 그 공백을 채우기 위해 부단히 노력한다. 자격증을 공부하거나 아르바이트를 하며 무엇이든 써 보려 하지만, 그 기간이 길어질수록 인생을 낭비하고 있는 기분이 드는 건 어쩔 수 없다. 특히 코로나로 외국에 나가는 것조차 쉽지 않은 지금은 그 선택지가 더욱 좁아졌다.

사실 아무 일도, 예정도 없는 텅 빈 시간을 보내며, 우리는 그동안 볼 수 없었던 시선으로 세상을 바라보고 평소에 하지 않았던 많은 생각을 하게 된다. 아마도 생전 처음 현실에 부딪히고 많은 고뇌와 성장을 하게 되는 시간이지 않을까 싶다. 이런 소중한 시간마저 한 줄을 더 적기 위해 조급해야 하는 현실이라니. 하지만 그렇게 일을 구하고 원하던 이력을 조금씩 채워 나간다 한들, 그게 진정 내가 원하던 삶일까?

네 시간 가량의 짧은 비행이 끝나고, 호주의 서부, 퍼스에 도착했다. 새까만 밤에 도착한 공항의 모습은 잘 기억나지 않는다. 그저 멜버른에 비해 공항이 아주 작았고, 방전된 핸드폰을 들고 엇갈리

발자국을 찍어 길을 만들다

면 어쩌나 걱정했던 기억이 있다.

"야 씨, 한참 찾았잖아."

방전된 핸드폰을 들고 공항에서 전전긍긍하다 슬슬 포기하고 어디든 들어가서 자야 하나 생각할 때, 그가 나타났다. 아, 다행이다. 나 배터리가 없어서.

그의 차에 짐을 싣고 함께 그가 예약해 둔 호텔로 향했다. 한 오성급 호텔의 트윈 룸에 짐을 풀고 그와 술을 마시며 오랜 회포를 풀었다. 내가 호주로 건너온 지 4년이 되어가고 있었으니, 그와는 더 긴 세월의 재회였다.

긴 세월 동안 연락이 뜸했던 만큼 할 이야기도 많았다. 그는 본래 학교를 휴학하고 일을 하고 있었는데, 나와는 그때 처음 만났다. 물어보면 무엇이든 풀어내는 그 머리도 비상했지만. 모르는 게 있으면 기어코 알아내고 마는 집념이 존경스러웠다. 영어가 지독히 싫었던 그는 극복해 보고자 영어 통번역 과에 자원했다. 그리고 수강 시작 전, 강의 계획에 적혀 있는 참고 도서를 모조리 읽었다고 한다. 성적은 당연히 좋았다.

실제로 해보면 알겠지만, 그런 전공 수업에 있는 참고 도서란 것들이 상당 부분 다른 교수들이 집필한 교과서에 가깝다. 덜 친절하고, 더 전문적인 교과서들이다. 사실 한 권을 다 읽고 들어가기도 힘들다. 그런데 그걸 전부 읽고 들어가다니. 학교에서 보던 범생이과의 성실함과는 거리만 먼 사람이었지만 원하는 것을 대하는 태도는 퍽 성실하다.

그는 그 후 입대했고 복학한 뒤 대학을 졸업했다. 마지막 학기에 인턴으로 일하던 회사에서 함께 일하자는 제의를 받았지만 거절했다. '제가 할 일이 너무 많아서요'라는 이유였다. 그리고 그는 퍼스로 워킹 홀리데이를 왔다. 한국에 있는 모든 것에서 벗어나고 싶었다고, 그는 설명했다.

호주에서 살다 보면, 한국을 벗어나고 싶은 마음에 호주를 선택한 사람들과 만나게 된다. 그들은 대학원을 졸업했지만 길이 막막해서, 대기업을 다니고 있었지만 자기 삶이 없어서, 그냥 한국 문화가 싫어서 같은 다양한 이유를 가지고 있었지만, '삶에 막막함을 느낄 때' 한국을 떠나왔다는 공통점이 있었다. 더 이상 내가 어떻게 해볼 길이 보이지 않을 때 환경을 바꾸기로 했던 것이다. 물론 나처럼 외국에 대한 동경을 가지고 무작정 떠나온 유학생이나 워홀러도 적지 않았지만.

다음 날, 호텔 조식을 먹고 사막으로 향했다. 퍼스에는 두 종류의 사막을 모두 볼 수 있다. 듬성듬성 커다란 석회암이 서 있고, 벌레 지옥이 펼쳐지던 피나클스 사막*Pinnacles dessert*과 흰 모래가 끝없이

발자국을 찍어 길을 만들다

펼쳐진, 고운 모래가 삼각형의 둔덕을 만드는 란셀린 사막Lancelin이다. 바위도, 풀 한 포기조차도 찾기 힘든 이곳에는 벌레를 고사하고 어떤 생명체도 찾아볼 수가 없는 곳. 그저 하얀 모래가 바람에 나부끼는 게 전부인 아름다운 곳이다.

처음 향한 곳은 피나클스 사막이었다. 사실 퍼스는 란셀린보다 피나클스가 훨씬 유명한데, 한밤에 볼 수 있는 은하수 때문이다. 거대한 규모의 피나클스 사막은 날이 좋으면 거대한 오로라를 볼 수 있다고 한다. 하지만 내가 간 날은 날이 흐린 탓에 은하수를 볼 수 없었다. 밤이 될 때까지 기다릴 요량이었지만 흐린 날씨에 하늘이 보이지 않아 다음을 기약해야 했다.

아쉬운 마음으로 방문했던 란셀린 사막. 란세린 사막에 간다면 꼭 낮에 가라고 말하고 싶다. 하늘과 하얀 모래, 그리고 나. 이 세 가지만 존재하는, 마치 하얀 도화지 위에 서 있는 느낌이다. 삶에 원점에 서 있는 느낌. 아무것도 없는, 아름다운 곳이다. 란셀린을 처음 봤을 때, 나는 옆에 있던 친구에게 이렇게 말했다.

"만약 내가 죽는다면 바다 말고 사막에 빠져 죽고 싶어."

그만큼 아름다웠다. 곱게 으스러진 뼛가루가 하얀 사막에 한 줌 모래가 되어 날아다닌다면 좋겠다. 처음부터 아무것도 없던 것처럼. 내 말을 가만히 듣던 친구는 말했다.

"사람들은 대개 비슷한 생각을 하는구나. 나도 똑같이 이야기 했었어."

사람의 손이 닿지 않은 거대한 자연은 모든 것을 압도하는 힘이 있다. 결국 이 거대한 세상에 고군분투하는 나라는 사람은 도화지의 점을 하나 찍거나, 찍지 않거나 하는 그런 점 같은 존재일 것이다. 도화지에 점을 찍은들, 얼마나 많은 이가 그 점을 발견할 수 있을까 싶지만, 점이라도 찍어보겠다 애쓰는 존재.

나는 삶을 고민하기를 멈추었다. 어차피 삶은 흘러간다. 고군분투해도, 고민해도, 아무것도 하지 않고 이렇게 가만히 사막을 바라보는 순간에도, 나는 거대한 사막에 작은 점 같은 존재에 지나지 않는다. 그 사실에 크게 안도했다.

증거를
남겨라

3박 4일의 짧은 여행을 마치고 멜버른으로 돌아온 날, 여독에 지친 나는 무거운 몸을 이끌고 잠에 들었다. 사막에서 고민을 털어 낸 퍼스에 여행은 환상의 섬 로트네스트 아일랜드*Rottnest Island*에서 평화를 만끽하며 막을 내렸다.

사파이어 빛 바다는 안에 있는 바위가 비칠 만큼 맑고 투명했고, 바다를 따라 걷다 보면 언덕을 따라 이어지는 산책로가 나왔다. 습하지는 않지만 해가 따갑지도 않은 햇볕을 맞으며, 9월 초 여름의 끝 무렵에 있었다. 사람들은 걷거나 자전거를 타며 산책했고, 우리도 함께 언덕을 산책하고 바다를 바라보며 평화로운 하루를 보냈다. 더위를 불평하는 사람은 아무도 없었다. 모두가 느긋하고 행복해 보였다.

　돌아오는 길, 모자도 선크림도 없이 돌아다니던 나는, 빨갛게 익어 페리에 누운 채 아무것도 할 수 없었다. 더위를 먹는다는 게 이런 거구나. 그런 기분도 나쁘지 않았다.

　2018년 9월 3일. 법률사무소의 첫 출근 날. 나는 거울을 보고 경악을 금치 못했다. 빨갛게 익었던 얼굴은 군데군데 얼룩져 못난이가 되어 있었다. 본래 잘 타지 않는 편이라, 예쁘게 타지 못하고 햇빛을 많이 받았던 곳만 얼룩덜룩. 꼭 어린아이가 어두운 색 파운데이션을 맘대로 찍어 발라 놓은 것 같았다. 아아, 이 꼴로 첫 출근을 해야 하다니. 다음 여행에서는 꼭 선크림과 모자를 챙기리라 다짐했지만, 이미 늦었다. 그나마 있는 파운데이션은 색이 너무 밝아 커버가 되지 않았다. 간신히 톤만 맞춘 얼굴은 어디 동남아 지방에서 내려온 사람 같았다. 젠장. 피부 톤 하나로 사람이 이렇게까지 달라 보이다니.

　지금이야 한국에서 피부과도 다니고 화장도 많이 늘어 쓸 만한 실력이 되었지만, 이때만 해도 나는 피부 화장이라고는 옅은 파운데이션 하나밖에 써본 적이 없는 사람이었다. 결국 단념하고 사무소에 들어서니, 먼저 온 제니퍼가 나를 맞았다.

　"좋은 아침이에요."

갸우뚱하는 듯한 시선. 초면이라 말은 하지 않았지만 읽을 수 있었다. '원래 저런 얼굴이었나?' 나는 얼굴이 화끈거렸지만 모른 척 안내받은 자리에 앉았다. 그녀는 내게 기본적인 프로세스를 설명하고는 메일과 메신저를 연결해주었다. 고객과는 메일로, 사내에서는 메신저로 소통하는 것이 이곳의 규칙이었다.

"무엇이든 고객한테 보내기 전에 법무사님께 컨펌*confirm*(확인)을 받아야 해요. 확인받지 않고 보내면 무슨 일이 생겼을 때 책임져야 할 수도 있으니, 본인을 위해서도 그게 좋을 거예요. 저는 서류뿐 아니라 보내는 문구까지 다 확인받았어요."

과연. 일리 있는 말이었다. 컨펌을 받으면 무슨 문제가 생겨도 승인한 변호사나 법무사의 책임이 되지만, 내 임의로 보냈다가 잘못되면 내게 책임 소재가 있을 수 있다는 것이다. 그리고 컨펌은 꼭 '글'로 받으라는 말도 덧붙였다. 쉽게 말해, 증거를 남기라는 말이다.

"그럴 일은 없겠지만, 세상일은 모르는 거니까요."

처음 며칠간, 나는 아주 간단한 케이스의 준비와 기본적인 메일 답장만 했다. 대표와 만난 건 첫 출근 후 한 달이 더 지난 뒤였다.

시드니 출장에서 돌아온 법무사는 한눈에도 깐깐한 인상을 하고 있었다. 가느다란 눈매와 탄탄한 피부에도 드러나는 입가의 주름은 언뜻 보기에 표독스러운 고양이 같았다.

"보통 한 달에 반 정도는 시드니에 있어요. 캔버라에도 지사가 있어서 가끔 이렇게 한 달씩 자리를 비우기도 합니다. 일은 잘하는 것 같더군요. 보고는 지금처럼 메신저로 하면 됩니다."

그는 나를 불러 놓고 창밖을 보며 말했다. 어지간히 바쁜 모양이지. 그렇게만 생각했다. 직장을 몇 번 옮기면서 알게 된 게 있다면, 공적으로 만난 사람들의 인생에 깊게 관여하지 않는 게 좋다는 것이다. 나는 알겠다고 대답한 뒤, 업무를 지속했다. 만든 서류를 메신저로 보내 확인받고, 정부 사이트에 업로드한 뒤 고객에게 보고하는 것이 나의 주된 업무였다.

'돈을 정말 쉽게 버는구나.' 일하며 그런 생각을 했다. 처음 고객에게 받는 의뢰에 대응부터 절차에 따라 서류를 만들고 확인받고 수금하는 모든 일을 하다 보니 케이스당 얼마의 돈을 받는지도 금방 파악할 수 있었다. 내가 일주일에 맡아 하는 케이스만도 2천만 원이 넘었다. 한 시간이면 할 수 있는 서류 작업을 위해 어떤 사람은 2백만 원을 지불하고, 어떤 사람은 일주일에 2천만 원을 버는 것이다. 거기

발자국을 찍어 길을 만들다

에 어려운 케이스를 맡아 하는 직원들을 생각하면 이 사람이 일주일에 버는 수익은 억 단위가 된다.

비싼 돈을 주고서라도 안전하게 일을 처리하고 싶은 사람들과, 많은 케이스의 경험을 가진 전문가의 만남. 얼마를 부르더라도 이 문제 없이 처리하는 것이 더 중요한 사람들은 전문가가 부르는 대로 돈을 지불했다. '이 돈을 내고 이 사람들에게 하는 건 이유가 있다.'는 것이 그들의 생각이었다. 이래서 다들 '사'자 직업을 가지라고 하는 걸까.

이후 법무사와 함께한 술자리에서, 그의 과거를 들을 수 있었다. 성공한 사람들의 반절은 술만 마시면 자신의 성공기를 늘어놓는 것 같다. 그도 예외는 아니었다. 서른 살이 넘어 호주 대학원에 진학한 그는 처음에는 법을 전공할 생각이 없었다고 했다. 전망이 좋다는 IT를 전공해 평범하게 회사에 취직해 근무했다. 그러던 중 '법무사가 돈이 된다'는 이야기를 들었다고.

"당시에는 법무사 자격을 따는 게 지금처럼 복잡하지 않았어요. 수업을 이수하고 시험만 통과하면 누구나 될 수 있었죠."

그는 회사에서 이미 충분한 인컴*income*(수입)을 벌어들이고 있었지만, 회사 생활이 영 맞지 않았다고 한다. 컴퓨터만 잘하면 될 줄 알았는데, 매일 외국 기업과 회의하고, 시스템에 문제라도 생기면 또 회의하고, 사람을 상대하는 일이 너무 많았어요. 그는 설명했다.

"변호사는 같이 공부하면서 만났어요. 같이 공부를 마치고 창업했죠. 처음에는 회사 생활과 병행하다, 나중에는 이것만 했어요. 나는 공부에 뜻이 없어서 법무사에서 멈췄지만, 변호사는 공부를 계속했죠. 공동창업자로서 서포트를 해준 셈이죠."

약 9개월 동안 근무하며 목소리만 들었던 그 변호사는, 마른 체구의 여자라고 했다. 가녀린 목소리를 가진 마른 체구의 그녀는 늘 정중하고 상냥했지만 일에는 가차 없는 사람이었다. 본래 예술을 전공했던 여자와 IT를 전공했던 남자가 법이라는 새로운 분야에서 만나 새로운 커리어를 만든 것이다. 대학 시절의 그들이 지금의 그들을 본다면 얼마나 놀라울까? 인생이 어디로 흘러갈지는 정말 모를 일이다.

그곳에서 근무한 지 반년 정도 지났을 때, 함께 근무하던 젊은 법무사가 그만두며 그녀가 하던 업무 일부를 도맡아 하게 되었다. 일이 늘어나는 건 그리 기쁘지 않았지만, 지금까지 할 수 없었던 새로운 케이스들을 할 수 있는 건 좋았다. 사실 회계도 법무도 실무가 되면 케이스만 바뀔 뿐 비슷한 일의 연속인지라, 어느 순간부터는

발자국을 찍어 길을 만들다

어떤 케이스를 맡아도 덤덤하게 처리하게 된다. 특히 이렇게 전례를 많이 가진 사무소에서 일하면 반드시 비슷한 케이스를 찾을 수 있다. 시험으로 치자면 모범 답안이 있는 셈이다.

'나도 법무사나 할까.'

잠깐 그런 생각을 했다. 이 정도로 많은 케이스를 알고 있다면, 자격증만 따면 할 수 있지 않을까. 하지만 곧 쓸데없는 생각임을 깨달았다. 영업에 소질 없는 내가 창업해서 어찌 먹고 살 수 있을까. 문서 작업을 전부 직원에게 맡기고 대표가 하는 일은 영업이었다. 다양한 경험과 케이스를 가진 대표는 법률 전문가를 필요로 하는 사람들을 만나 영업을 했고, 호주 전역을 돌아다니며 케이스를 맡아왔다.

물론 창업하지 않고 로펌에 들어간다면 영업할 필요가 없을지도 모르지만, 그럼 회계사가 되어 어카운팅 펌*accounting firm*에 들어가는 것과 다를 게 없었다. 창업하지 않는 한, 일주일에 억 단위를 버는 건 어려운 일이다.

저마다의 사정으로
우리는 여기에 있다 ~~~~~~~~~~

　　법률 사무소에서 하는 사무 업무는 꼼꼼한 성격이 무엇보다
중요했다. 오탈자 하나도 의미가 바뀔 수 있고, 그렇지 않더라도 전
문성이라는 이미지에 타격을 줄 수 있기 때문이다. 그 때문인지 사
무직원은 나를 포함해서 전부 여자였다. 멜버른도 시드니도, 전부
여자라고 했다. 과거에 남자를 고용했던 적도 있었지만 결국 여자만
남았다고 했다. 어느 정도 똑똑하고, 꼼꼼하게 오래 일해줄 여자 직
원. 그렇다 보니 과거에 가졌던 직종은 크게 중요하지 않았고, 덕분
에 이곳에서 일하는 반년 동안, 다양한 배경의 사람들을 만날 수 있
었다.

"방송국 피디였어요."

내게 인수인계를 해주던 여자였다. 지금은 이름도 기억나지 않는 그녀는, 가을 날씨에 찰랑거리는 긴 머리를 하고, 일할 때면 늘 담요를 무릎에 두르고 있었다.

'방송국 피디가 왜 여기 있지?' 하는 생각에 눈을 동그랗게 뜨고 그녀를 바라봤다. 신문방송학과를 졸업한 그녀는 방송국 피디로 취업에 성공했다. 하지만 출근하기 직전에 마음을 돌렸다고 했다.

"남자친구가 같이 여기 와서 살자고 하더라고요."

당시 호주 영주권자였던 그녀의 남자친구는 그녀에게 함께 가지 않겠느냐고 제안했다. 그렇게 그녀는 사원증을 반납하고 지금 여기에 있었다. 아니, 그래도 그렇지 꿈을 버리고 남자친구를 택했다는 말인가? 당시에만 해도 나는 그녀를 이해할 수 없었다. 그만두는 이유를 물었을 때, 그녀는 말했다.

"송충이는 솔잎을 먹고 살아야 한다고. 방송일이 저한테 맞는 것 같아요. 그때 그냥 입사할 걸 그랬나."

발자국을 찍어 길을 만들다

그렇게 말하며 그녀는 장난스럽게 웃었다. 그 얼굴 어디에도 후회하는 모습은 찾을 수 없었다. 잡티 하나 없는 매끈하고 새하얀 얼굴에 다부진 표정의 그녀는 언뜻 보기에도 단단한 사람처럼 보였다. 후에 따로 연락하지는 않았지만, 다시 꿈을 펼치기 위해 호주에서 학업에 정진하고 있다는 이야기를 전해 들었다.

"저는 여기 들어오는 게 꿈이었어요."

나와 두 살 터울의 여자 법무사가 말했다. 비록 큰 규모의 로펌은 아니었지만, 나름대로 굉장히 유명한 곳이라고 했다. 그녀는 어릴 때부터 이곳을 알고 있었고, 법조계로 들어서며 이곳에서 근무하며 일을 배우고 싶었다고 한다.

"처음 지원할 때는 정말 햇병아리였으니까, 돈을 안 받더라도 일하려고 했어요. 돈을 조금 밝히기는 해도, 케이스를 정말 많이 가진 분이거든요."

조금이라니. 거의 싹싹 쓸어 담는 수준인데. 쌓이는 케이스만큼 경험도, 배울 점도 많아진다. 그녀는 졸업 후, 이곳에 취직해 3년 정도 근무했다. 경험을 쌓고 실무를 배우며 대학원에 진학했고, 그만둘 때는 대학원 학위와 경력을 모두 갖춘 뛰어난 법무사가 되어 있었다. 이곳을 떠나며 그녀는 말했다.

"여기서 정말 많은 걸 배웠어요. 정말 감사한 일이죠. 하지만 이제 좀 더 크고 돈도 많이 주는 곳으로 갈 거예요. 언제까지 이곳에 머물 수는 없으니까요."

그녀는 퇴사 후 얼마 지나지 않아, 더 큰 규모의 로펌에 취직했다.

후임으로 들어온 사람은 20년 동안 승무원으로 근무하던 여자였다. 벌써 중고등학생 자식이 있는 그녀는 낮에 일하고 저녁에 퇴근하는, 오래 일할 수 있는 사무직을 구하고 있었던 것 같다. 차분하고 단아한 인상을 주는 사람이었다. 얼굴 어디에도 탐욕이란 찾아볼 수 없는 그런 얼굴. 그녀는 대학 졸업 후 바로 공항에 취직했고, 첫 연애로 결혼까지 했다. 그 후 20년 동안 줄곧 한 항공사에서 근무했다.

"해외는 많이 나가지 않았어요. 우리는 항공료의 10%만 내고 탈 수 있으니까 초밥을 먹으러 일본에 다녀오는 친구도 있었지만 나는 이상하게 나가고 싶지 않더라고요."

그녀는 승무원으로 오랜 시간 일하면서도 해외에 나가는 건

발자국을 찍어 길을 만들다

손에 꼽았을 정도라고 했다. 반년에 한 번씩 휴가를 내고 해외여행을 다녔던 나로서는 퍽 이해가 가지 않았다. 운임의 10%만 내고 갈 수 있다면 나는 주말마다 여행을 다녔을 것을.

그녀는 나와는 퍽 다른 성향을 가진 사람이었다. 첫 연애로 결혼했음에도 한 번도 아깝다거나 후회한 적이 없다고 말하는 그녀, 기회가 있어도 굳이 여행을 가거나 모험을 하지 않는, 정말 안정적이고 무던한 삶을 살아온 듯 보이는 그녀. 내게 말하지 않은 어떤 모험이 있었는지는 모르겠으나, 이미 나로서는 상상도 할 수 없는 삶을 살아온 사람이었다. 정말 사람의 성향이라는 게 있나 보다.

마지막으로 내가 그만두면서 들어온 직원은 심리학을 전공하고 대기업 마케팅 팀에서 근무하던 사람이었다. 한 손가락 안에 드는 명문대를 졸업하고 대기업에 입사해 일하던 그녀는 승진도 몇 번 했지만 결국 사표를 냈다.

"내 부서에 윗사람을 보면 내 미래가 보인다고 하잖아요? 내가 딱 그랬어요. 부장님이 여자분이었는데, 육아에 업무에 늘 정신이 없었죠. 나는 그분처럼 열심히 살 자신이 없었어요. 그래서 퇴사했죠."

어쩌면 지금 공부를 하는, 대학 생활을 하는 많은 청소년이 꿈꾸는 루트를 살아온 그녀의 말은, 사실 호주에서 만나는 사람들에게 가장 많이 듣는 이야기가 아닐까 싶다.

'내가 원하는 삶이 그곳에 없다.'

많은 사람이 선망하는 직업이나 생활을 버리고 떠난 이들의 한결같은 대답이었다. 도달하기 전에는 알 수 없는 것들이 있다. 학창 시절에는 대학만 잘 가면 될 것 같고, 대기업에 들어가거나 전문직에 종사하면 탄탄대로의 삶이 펼쳐질 거라 믿는다. 몇 년 동안 취업을 준비하던 이에게, 대기업 취직은 꿈 같은 일일 것이다.

분명 처음에는 이곳에 뼈를 묻겠다는 각오로 열심히 일할지 모른다. 하지만 그곳에서 근무하는 생활에 익숙해질 때쯤, 생각은 완전히 바뀐다. 주위 사람들은 자기만의 사업이나 이직을 준비하고, 주식이나 부동산에 투자한다. 어쩌면 그들은 조언할 것이다. '누구 씨도 다른 수입원을 찾아봐, 회사가 미래를 보장해주지는 않아.' 흔히 N잡러라고 부르는 요즘 세대는, 아니 사실 그보다 훨씬 전부터, 회사는 미래를 책임져주지 않았다. 빠르면 30대에, 적어도 반 이상이 40대에 퇴사 후 자기 사업을 하는 데에는 이유가 있다. 오죽하면 '대기업 퇴사 후 치킨집'이 공식처럼 자리 잡았을까.

요즘에는 많은 사람이 20대 후반, 30대 초반에 첫 직장을 잡는다. 반 이상이 40대에, 혹은 그 전에 퇴사한다면, 결국 내가 회사에서 버틸 수 있는 날은 평균적으로 10년이라는 계산이 나온다. 그럼 그 후는? 100년은 거뜬히 산다는 인생에 한 회사가 책임져주는 시간은 단 10%에 해당하는 10년이다.

사회생활을 시작하고 빠르든 느리든 언젠가 이 사실을 깨닫는다. 그리고 선택의 기로에 놓인다. 뼈를 묻겠다는 각오로 회사에 장기 근속하는 100명 중 한 명이 되는 것, 적어도 정년까지 나를 책임져 줄 나라에 종사하는 것, 혹은 먹고 살 걱정이 필요 없는 복지 좋은 국가로의 이민, 투자를 통해 자본가가 되는 것 등 수단은 셀 수 없이 많다. 그리고 결국 선택의 끝에는 '내가 원하는 삶'이 있다.

사람마다 행복의 기준은 다르지만, 결국 사람은 어떤 순간에도 스스로의 행복을 우선한다. 그렇게 지금의 우리가 있는 것이다. 그렇기에 우리는 스스로에게 한 번쯤, 아니 선택에 기로에 선 모든 순간에 질문을 던져야 한다.

'내가 그토록 원하던 삶은 무엇인가?'

내 발자국은 어느새
길이 되어 있었다

　　여덟 시 반, 컴퓨터를 켜고 자리에 앉아 파일을 연다. 해야 할 일은 정해져 있다. 여러 가지 일을 하면서 알게 된 것은, 일의 순서를 어느 정도는 스스로 정할 수 있다는 것이다. 처리해야 할 업무가 산처럼 쌓여 있을 때, 뭐부터 해나가야 하는지 착착 정리되기까지 얼마나 많은 업무를 처리했던가.

　　그중에서도 법률 사무소의 일은 순서가 명확했다. 업무마다 데드라인이 있었고, 혼자 할 수 있는 업무와 다른 이의 협조를 구해야 하는 업무가 있었다. 하나의 케이스를 신청할 때 필요한 서류는 평균 열 가지가 넘는데, 이 모든 것을 무에서 창조하지는 않는다. 의뢰자와 관련된 업체나 기관에서 필요한 밑 자료를 받은 후 작업에 돌입하게 된다.

　모든 케이스의 순서가 다 비슷하지만 요약하자면 이렇다. 첫 번째, 케이스를 받는다. 두 번째, 필요한 자료를 요청한다. 세 번째, 자료를 기반으로 필요한 서류를 작성한다. 네 번째, 필요한 기관에 신청한다. 필요에 따라 신청 기관이 달라지는데, 같은 나라에서도 주마다 법이 달라지는 호주에서는 어느 기관인지에 따라 필요한 서류가 달라진다.

　네 가지의 케이스가 있고, 각 단계에 돌입한 상태라고 가정했을 때, 내가 제일 먼저 하는 건 자료 요청이었다. 이 자료 요청 같은 것은 다른 이에게 요청하는 만큼 마감이 다가왔을 때 가장 어쩌지 못하고 발을 동동 구르게 되는 요소다. 일찍 받아 두면 그 후에 순서는 바짝 몰아서 하든, 천천히 늘려서 하든 내가 조절할 수 있지만, 이것만큼은 그럴 수가 없다. 반대로 신청하는 데에는 그리 오랜 시간이 걸리지 않는다.

　그 후에는 데드라인에 맞춰 필요한 서류를 작성하고 신청했다. 아직 기한이 많이 남아도 어려운 케이스나 무거운 케이스는 미리 서류를 작성했다. 검토와 수정은 나 혼자 할 수가 없기에, 조금이라도 다른 사람의 개입이 필요한 일을 최대한 먼저 끝낸다.

　잊어버리면 안 되는 일을 기억하는 법은 사람마다 다르다. 어떤 날은 출근하고 보니 서류뭉치 하나가 사무실 바닥에 놓여 있는 것

　　　　　　　　　　　　　발자국을 찍어 길을 만들다

이 아닌가. 급한 일이 있었나? 생각하며 서류를 담당 법무사 자리에 올려 두었다. 그리고 점심 즈음,

"당신이 이걸 내 자리에 두었나요?"

네, 바닥에 떨어져 있길래 올려 두었습니다. 그렇게 대답하자, 법무사는 말했다.

"앞으로는 그럴 필요 없어요. 이건 내가 급한 건을 기억하는 방법이에요."

그제야 묘한 위화감이 해소되었다. 아무리 생각해도 그 서류는 먼지 한 톨 안 보이는 깨끗한 길목에 혼자 덩그러니 놓여 있었던 것이다. 묵직한 서류 뭉치가 눈에 띄지 않을 리도 없을뿐더러 그 위치는 어느 자리에 가더라도 꼭 지나게 되는 곳이었다. 물론 따로 말한 적이 없으니 나를 꾸짖거나 하지는 않았지만, 생소한 충격으로 남았다. 바닥에 버려두는 것으로 기억하다니.

서류 뭉치에 갇혀 산 지 반년이 지났을 때, 한여름의 크리스마스가 지나고 봄이 올 때쯤, 내게도 새로운 바람이 불어왔다. 여느 때처럼 사무실에 앉아 서류를 다듬고 있을 때, 휴대폰으로 전화가 걸려

왔다. 모르는 번호였지만, 지역 번호가 찍힌 거로 보아, 스팸이나 지나간 인연들은 아니었다.

'이건 받아야겠군.'

택배 확인이나 공공 기관의 연락일 거라 생각한 나는 앉은 자리에서 그대로 전화를 받았다. 그런데 뜻밖의 이야기를 들었다.

"…그래서 다음 주에 면접을 했으면 합니다."

응? 면접? 당시 구직활동을 안 하던 터라 이게 무슨 일인가 싶어 잠시 뜸을 들이다 대답했다. 최근에 이력서를 낸 적이 없는데, 어디서 연락을 주신 거죠? 알고 보니 그곳은 3개월 전, 서류 더미에 질린 내가 지원했던 회계 사무소 중 한 곳이었다. 하루 이틀 여기저기 지원하고는 까맣게 잊고 있었다. 마침 그리 멀지 않은 곳에 위치해 있던 터라, 점심 즈음이라도 괜찮다면 면접을 보러 가겠다고 대답했다.

당시 일하던 곳은 점심시간을 따로 정하지 않고, '한 시간'이라는 규정만 있었다. 덕분에 한두 시간 정도는 조정이 가능했다. 물론 연차를 쓰고 면접을 보러 갈 수도 있었지만, 연차까지 써 가며 될지

발자국을 찍어 길을 만들다

안 될지도 모를 일에 내 휴가를 낭비하고 싶지 않았다. 위치도 회사 근처인 데다, 어차피 출근할 때에도 세미 정장에 구두를 신으니, 면접 복장과 크게 다를 것도 없지 않은가.

면접 당일, 나는 언제나처럼 근무를 시작했다. 회사에는 점심에 잠깐 약속이 있다 전하고 11시 40분에 나가보겠다고 말해 두었다. 굳이 면접을 본다는 사실을 알리고 싶지 않았다. 약속한 시간, 나는 먼저 인사를 하고 사무실을 빠져나왔다. 평소와 같은 세미 정장을 입고 구두는 따로 챙겨두었다. 겨우 네 블록 정도 떨어진 거리. 트램을 기다리는 편이 더 오래 걸릴 듯했다. '걸어가자.'

나는 빠른 걸음으로 걸었다. 가뜩이나 발이 느린 데다, 분명 초행이라 헤맬 것이 분명했다. 조금 바랜 듯한 유럽식 건물 사이를 빠져나와 퀸 스트리트를 따라 위로 걸었다. 빠른 걸음 탓인지 마음이 조급한 탓인지 숨이 가빠왔다. 아, 이렇게까지 해야 하나. 그냥 반차를 낼 걸.

맵이 가리키는 곳에는 커다란 비즈니스 건물이 밀집된 구역이었다. 온통 비슷한 높이의 비슷한 건물들이 두세 개씩 붙어 있었다. 아닌 게 아니라 정말 붙어 있다.

멜버른에서 돌아다니며 느낀 점 중 하나는, 정말 건물들이 붙어 있다는 것이다. 두 건물 사이에 작은 틈 정도는 있었지만, 손이 겨우 들어갈 것 같은 아주 작은 틈이었다. 이렇게 다닥다닥 붙여 지을 수 있다니! 이것 또한 기술인가? 건축으로 유명한 멜버른의 도시는 놀라운 점이 많다. 똑같은 건물이 하나도 없으면서도, 도시 전체에는 통일감을 주는 디자인. 색감이나 디자인에 까다롭다고 들었다.

하지만 지금은 다닥다닥 붙어 있는 건물 덕에 어디로 들어가야 하는지 알 수가 없었다. 결국 부지를 한 바퀴 돌고서야 입구를 찾을 수 있었다. 숨을 고르고 입구로 들어가 리프트에 올랐다.

"여기서 잠시만 기다리세요."

나를 발견한 중년의 남자가 말했다. 리프트에서 내려 화장실에서 구두를 갈아신고 면접장에 도착한 시간은 약속된 시간 2~3분 전. 꽤 아슬아슬했다. 보통 면접에는 10분 정도 일찍 가는 게 정석이지만, 내게는 그럴 여유가 없었다. 당장 면접이라도 길어지면 복귀하는 시간을 어겨야 할지도 모를 일이다. 나는 정확히 정시에 안내되었다. 빨리 온다고 빨리 시작해준다면 정말 좋겠지만, 약속된 시간을 정확히 지키는 편이 더 좋았다. 시간에 철저한 회사는 근무시간이 어영부영 늘어날 일도 없을 테니.

나를 담당한 중년의 남자는 10년 차 회계사였다. 회사의 간략한 설명과 직무에 대한 설명을 듣고, 전공과 근무 경험, 그리고 미래 계획에 대해 대답했다.

발자국을 찍어 길을 만들다

"전에는 유학원에서도 일하셨네요?"

이곳에서는 나의 짧은 회계 인턴 경험보다도 법률 사무소에서 일했다는 경력에 더 관심을 두었다.

"잘 아시겠지만 회계사는 법무법인과 일할 일이 많습니다. 이 분야를 경험한 분이라면 굳이 설명하지 않아도 그런 흐름을 잘 알고 계시겠죠."

게다가 세 개 국어를 할 수 있다는 것 또한 큰 이점이었다. 할 수 있는 언어가 늘어난다는 것은 그만큼 영업의 가능성이 높았다는 것이다. 그 언어를 쓰는 새로운 '집단'을 잠재적 대상으로 둘 수 있다는 것은 새로운 시장의 개발을 뜻했다. 그만큼 외국어는 퍽 유용했다.

우연인지 필연인지, 내가 지나왔던 과거로 하여금 그들이 필요로 했던 요건을 갖춰가고 있었던 것이다. 내가 가지고 있는 언어 스킬, 경력, 전공 그 무엇 하나 버릴 것이 없었다. 면접은 합격했고 연봉 협상을 마친 후, 한 달 뒤 첫 출근을 기약했다. 나도 모르는 사이, 무작정 앞만 보고 걸어온 내 발자국은 어느새 길이 되어 있었다.

호주 회계사의
연봉 계산법

　　어카운팅 펌*accounting firm*에서 근무를 시작하고 한동안은 연수를 받으며 간단한 일만 맡아서 했다. 서류 보관, 정리, 회사 등록과 같은 간단한 업무부터 매 분기 찾아오는 각 기업의 세금 신고, 연금 신고, 보험 갱신까지는 그리 오래 걸리지 않았다. 이어서 법률 사무소와 은행과 함께 처리하는 회사 개설과 관련된 업무를 배웠다. 호주의 회계연도가 6월에 마감되는 탓에, 5월에 입사한 나는 비교적 빠르게 업무를 배울 수 있었다. 회계연도가 마감되는 기간은 고양이의 손이라도 빌리고 싶을 만큼 업무량이 많다. 나로서는 일을 빨리 배울 수 있어서 좋았다. 물론, 야근을 해야 했다.

"무리하지 말아요. 그러면 빨리 지쳐요."

얼마 지나지 않아 그 말의 의미를 바로 알았다. 하루, 이틀, 일주일 바짝 한다고 끝나지 않는 업무. 100미터 달리기를 생각하고 전력을 다하자 생각했는데, 100미터 뒤에 10킬로미터의 거리를 더 가야 하는 마라톤 경주와 같았다. 일주일이 지나자 피로가 누적되고 잠이 부족해 스스로 조금씩 피폐해지는 걸 느꼈다.

하지만 그럼에도, 입사한 지 얼마 되지 않은 나로서는 무리하지 않기가 더 어려웠다. 잘하고 싶다는 마음보다도 '민폐는 되지 말아야지'라는 생각으로 늘 긴장하고 있는 상태였다. 아직도 입사 후 한 달 정도는 이 '초기 긴장 상태'가 지속되는 것 같다. 긴장한 채 하루 열 시간 동안 서류와 컴퓨터를 들여다보면 몸도 마음도 지치기 마련이다.

그나마 다행인 것은 월급月給이 아닌 주급週給을 받는다는 것이다. 바쁜 와중에도 2주에 한 번씩 통장에 꽂히는 주급을 보면 일할 맛이 났다. 월급을 두 번에 나눠 받으면 너무 적어서 감흥이 없지 않을까? 싶을 수 있다. 내가 2주간 일하고 받던 금액은 약 180만 원이었다. 주에 한 번이든 2주에 한 번이든 100만 원을 넘게 받으면 충분히 보상받는 느낌이 들었다.

게다가 일하는 동안 먹는 것도, 늦은 시간에 귀가하며 쓰는 택

시비도 모두 회사에서 지급되고, 일한 만큼 연장 근무 시간에 대한 수당이 지급되었다. 집에 빨리 가고 싶은 마음은 모두가 마찬가지였지만, 나로서는 퍽 나쁘지 않았다. 일한 만큼 받는 돈이 늘어나니, 이럴 때면 조금 과장해서 월급을 두 번 받는 기분이었다.

후에 한국에 살면서 알게 된 사실이지만, 호주와 한국의 연봉 계산법은 많이 달랐다. 한국에 와서 깜짝 놀란 점 중 하나는 직원이 자신의 연금의 일부를 월급에서 내야 한다는 것이었다.

호주에서 연봉을 제시할 때는 보통 '기본급'을 기본으로 한다. 보통 채용공고를 살펴보면 '$00,000+Super'라는 표현을 볼 수 있다. 앞의 금액은 기본급으로 계산된 월급이며, 뒤에 붙은 Super는 'Superannuation'의 줄임말이다. 연금은 별도라는 표시다.

나라에서 지정한 회계 대졸자의 연봉은 기본 4만 5,000불, 한국 돈으로 약 4천만 원 정도의 연봉을 받는다. 이렇게 보면 사실 한국의 연봉과 크게 다르지 않은 듯 보인다. 한국의 연봉제를 모를 때, 나는 그렇게 생각했다.

하지만 저 4만 5천 불은 연장 근무 수당이나 성과급, 교통비 및 기타 복리후생, 4대 보험, 연금 등이 포함되지 않은, 순수한 기본급을 말한다. 주 38시간 근무한 것에 대한 보상으로 주어지는 돈이다. 이 외에 회사에 종사하며 들어야 하는 각종 보험과 연금(연봉의 약 10%)은 모두 회사에서 전액 부담한다. 연금은 호주를 떠나거나, 퇴직

후에 돌려받을 수 있다. 나 역시 돌아올 적에 그간 회사에서 차곡차곡 쌓아준 연금 약 700만 원가량을 전액 환급받았다. 환급을 받으면서는 꽁돈이 생긴 것 같아 신이 났다. 하지만 동시에 머리에 스치는 생각, 저 금액의 열 배는 더 벌었다는 말인데, 그 돈은 다 어디로 갔을까?

이건 호주에서 책정한 기본 연봉 수준이라는 것을 다시 한번 강조하고 싶다. 내가 다닌 회사는 대기업도 아니거니와 연봉이나 복지가 뛰어나게 좋은 회사도 아니었다. 그저 아주 평범한 회계 사무소일 뿐이었다. 당시에 내가 굉장히 어려운 시험을 통과하거나, 회계사 자격을 가지고 있는 것도 아니다. 그저 호주라는 나라에서는 당연한 일이었다.

글로벌global을 추구하는 회사는 국경을 초월하는 도전정신을 추구한다. 벌써 꽤 오래 지속되어 온, 사회적 흐름이다. 하물며 내 생의 도전을 국경이 막을 수는 없다.

발자국을 찍어 길을 만들다

한여름의 크리스마스

회계 사무소에서 일하고 반년이 더 흐르고, 호주에서 보내는 여섯 번째 크리스마스를 맞이했다.

첫 크리스마스의 기억은 홈파티였다. 나는 당시 꽤 유명한 요리사 부부의 집에 머무르고 있었다. 크리스마스 전일, 부부는 손수 차린 뷔페로 홈파티를 열었다. 같이 살고 있던 나도 자연스럽게 함께 참여하는 모습이 되었다. 처음 경험하는 홈파티, 맛있는 와인과 음식의 향, 북적이는 사람들. 그 사이에 어색한 웃음을 지으며 끝나지 않을 것 같은 시간만 바라보고 있는 나. 집에 가고 싶은 마음만 가득했던 첫 파티였다.

지나고 생각해보면 내가 그 파티를 즐기기에는 처음부터 조금 무리가 있지 않았나 싶다. 그 파티에 참석했던 사람들은 대부분 3, 40대의 중년층이었다. 다들 자기들 분야에서 한몫하는 사람들이었고, 이제 갓 유치원에 들어가야 할 것 같은 작은 아이들이 있었다.

두 번째 크리스마스부터는 늘 일을 하며 보냈다. 공휴일은 평일의 두 배 정도를 받을 수 있었기에, 유학 시절에는 더할 나위 없는 기회였다. 하루 동안 4, 50만 원을 벌 수 있는 기회를 고작 크리스마스라는 이유로 날려버릴 낭만적인 여유가 없었다.

학교를 졸업하고 사무직에 종사하기 시작하면서 그제야 온전한 연휴를 즐길 수 있었다. 5월에 입사한 나는 바쁜 시기를 모두 지나 드디어 12월에 긴 연휴를 맞이했다. 12월 24일, 회사에서는 작은 파티가 열렸다. 와인이나 좋아하는 주류를 마시며 회사가 빌린 전망 좋은 어느 빌딩의 최상층에서 불꽃놀이를 볼 수 있는 이벤트였다. 물론 꼭 참석할 필요는 없었다. 크리스마스 이브라 하면 많은 곳에서 파티가 열렸고, 회사의 파티는 그중 가장 낮은 우선순위에 뽑혔다. 연인과의 시간, 친구들과의 파티, 사교 모임, 그리고 회사 파티 정도. 그마저도 나에게는 큰 의미가 없었다.

꽤 여러 차례 겪으며 알게 된 게 있다면, 나는 파티를 즐기는 사람은 아니라는 것이다. 새로운 사람들을 만나는 것도 더 이상 재미있지 않았고, 잘 모르는 사람들 사이에서 늘 비슷한 이야기를 하며 웃고 떠드는 건 회사 생활만으로도 충분하다고 여기는 축이다. 그나

발자국을 찍어 길을 만들다

마 좋은 점을 꼽자면 생각 없이 가볍게 놀 수 있다는 것 정도. 노는 것보다 집에서 쉬는 걸 더 좋아하는 내게는 큰 메리트가 없었다.

나는 적당히 시간을 보내다 일찍 회장을 빠져나왔다. 열한 시, 조금 있으면 미친 듯이 차가 막힐 테니, 지금이라도 얼른 집에 가야지. 지잉— 지잉—. 끊이지 않는 핸드폰을 마지못해 들었다.

"어, 왜."
"야, 너는 오빠한테 말버릇이 그게 뭐야?"
"응, 본론만."
"우리 지금 Jack네 집에서 파티하는데, 너도 와라."
"나 Jack 몰라."
"야, 너 전에 한번 밥 먹었잖아. Peter랑 솔도 있어."
"나 바빠, 끊는다."

크리스마스를 기념하는 메시지와 같이 놀자는 연락. 성탄절 당일이 가족과 함께하는 날이라면, 이브는 확실히 노는 날이다. 어디에 있든 그렇겠지만, 특히 호주는 크리스마스부터 연말, 연초까지 파티와 모임이 끊이지 않는다. 크리스마스 파티, 연말 파티, 연초 모임등 사실 이때쯤 되면 그 해의 끝과 새로운 시작을 장식하며 최선을 다해 노는 게 목표가 된다. 열심히 일한 자여 놀아라. 잘 노는 것도 실력이다.

그러고 보면 호주는 이래저래 참 노는 날이 많다. 한국은 회사마다 다르겠지만 적어도 호주의 회사는 1년에 4주간의 연차와 2주간의 병가를 받는다. 쓰지 않으면 누적되고, 한 번에 몰아서 쓰는 것도 가능하다. 물론 퇴사 시까지 쓰지 않거나, 본인이 돈으로 받기를 원하면 돈으로 환산해서 지급한다. 연차야 한국에도 있지만, 이 'sick leave(병가)'라는 개념이 없어 아쉬웠던 기억이 있다.

아침에 속이 안 좋거나 혹은 그저 나른한 날이라도 전화를 걸어 당당히 '병가'를 낼 수 있는 호주에서는 회사마다 조금 다르기는 하지만 대부분 별도의 병원 진찰서 같은 걸 요구하지 않는다. 법적으로 보장되는 병가를 내가 쓰고 싶을 때 마음껏 쓸 수 있는 것이다. 그렇게 보면 한 달에 병가 하나 연차 두 개 정도가 쌓이는 셈인데, 병가는 따로 돈으로 환산하지 않는 탓에 매달 꼬박꼬박 병가를 내는 사람도 있었다. 당연하다 생각했던 혜택이 귀국과 동시에 사라졌다는 걸, 귀국한 지 1년이 넘었을 때야 서서히 체감할 수 있었다.

곧 불꽃놀이가 시작되었다. 나는 방으로 올라와 창밖으로 요란한 불꽃을 바라봤다. 커다란 폭음과 함께 색색의 불꽃이 하늘 높이 퍼져갔다. 가장 큰 불꽃놀이는 연말에 열린다. 도클랜드의 부둣가에서, 카운트다운과 함께 몇천만 원치의 불꽃이 하늘을 장식하며 새로운 한 해를 연다. 특별히 축제라 할 게 없는 도시지만, 불꽃놀이

만큼은 화려하고, 후하게 쏘아 올린다.

달달한 와인을 마시며 몇 분 동안 끊이지 않고 터져 나가는 불꽃을 바라봤다. 와인은 혼자 살면서 찾은 작은 보상이었다. 맛있는 와인, 무거운 와인, 달달한 와인, 향긋한 와인. 호주에서 가장 흔하고 가장 쉽게 접할 수 있는 술이다. 얇쌍하고 기다란 와인 글라스는 혼술을 청승맞지 않게 도와주고, 알코올에 흠뻑 빠진 과일은 나를 기분 좋은 꿈의 세계로 안내한다. 서서히 잠식되어 기분 좋게 잠드는 마법을 부려준다.

크리스마스 당일, 우리는 느즈막히 열 시가 다 되어서야 아래층에 모여들었다.

"언제 들어왔어요?"
"어제 두 시쯤? 길 엄청나게 막혔어."

그래도 과음하지 않았는지 다들 멀쩡해 보였다. 탁자에는 작은 선물들이 놓여 있었다.

"이게 뭐예요?"
"크리스마스 선물."

산타 할아버지가 없는 어른이들은 기쁨이라는 작은 설렘을 나눈다. 사실 선물의 내용은 그리 중요하지 않다. 동그란 포장에 빨간 리본으로 묶인 크리스마스 선물이 나를 기다리고 있었다는 것만으로 충분히 행복하니까. 우리는 도란도란 모여 도시락을 만들었다. 에그 샌드위치, 오니기라즈, 치킨 가라아게를 만들고 차가운 탄산을 아이스박스에 담았다.

크리스마스 당일, 3, 40도를 넘나드는 무더위를 위해 우리는 바다로 간다.

"어디로 갈까?"

"세인트 킬다?"

"오늘 거기 가면 사람들한테 치여 죽는다."

"그럼 윌리엄스타운. 그나마 제일 조용할 것 같은데."

그렇게 우리의 행선지가 정해졌다. 나름 섬나라인 호주는 어느 지면에도 해변이 많다. 그중에서 도시와 가장 가까운 해변 세인트 킬다 비치, 시티에서 조금 남쪽에 위치한 포트 멜번, 그리고 한참 차를 타고 북서쪽으로 이동해야 나오는, 평소에는 더없이 고요한 윌리엄스 타운. 늦장꾸러기가 자리라도 잡아보려면 이런 곳을 골라야 한다.

발자국을 찍어 길을 만들다

우리는 듬성듬성 북적이는 해변 한편에 돗자리를 펴고 자리를 잡았다. 무더운 여름, 해변은 수영복에 산타 모자를 쓴 사람들로 가득했다. 도시락을 까먹고 가방을 베고 누웠다. 나른한 크리스마스의 오후는 푹신한 모래와 따가운 햇볕, 시원한 바닷소리가 들렸다. 스르륵 잠에 들며 이 시간이 끝나지 않기를 바랐다.

Chapter 4

그래도 여행은 계속된다

늦은 여름,
뒤늦게 찾아온 COVID-19

처음 그 이야기를 들은 건 그 해 초였을 것이다. 퇴근 후 여느 때처럼 둘러앉아 와인을 마시며 사사로운 이야기를 하던 중 TJ가 문득 이런 말을 했었다.

"바이러스 이야기 들었어? 중국에 난리도 아니래."

처음 듣는 이야기였다. 친구들은 하나둘 소란을 피우며 저마다 관련된 영상들을 하나씩 보여주었다. 당시 한 영상 플랫폼에는 왜 박쥐 바이러스가 중국에서 나올 수밖에 없었는지 설명하는 영상들로 들썩이고 있었다. 그 영상에는 쥐와 박쥐를 파는 중국의 시장

그래도 여행은 계속된다

과 박쥐가 통으로 들어 있는 수프를 먹는 중국 사람들의 영상 등이 찍혀 있었다. 살아 있는 쥐를 먹는 영상도 있었다. 물론 식용 쥐였겠지만 그마저도 생소한 이들에게는 경악을 금치 못할 영상이었고, 사람들은 저마다 이런 비상식적인 식습관으로 코로나가 생겼다며 분노하고 있었다.

"코로나가 뭔데? 그렇게 심각해?"

그리고 보게 된 또 다른 영상. 무슨 재난 영화라도 찍는 것처럼 사람들이 거리에서 픽픽 쓰러져 죽어갔다. 영상을 향해 절규하던 사람들, 시체 처리가 곤란할 만큼 많은 사상자가 나오고 있다는 이야기가 들려왔다. 중국에 한 지역에서 발발한 사상 초유의 바이러스라고 했다.

그렇구나, 심각하네. 그렇게 생각하고 넘겼던 것 같다. 호주에서 중국까지는 비행기로 15시간은 족히 걸린다. 그저 먼 나라에서 벌어진 재앙일 뿐이었다.

그 후, 여기저기서 중국으로부터의 입국을 규제하는 소리가 들려왔다. 전염병이라고 하더니, 과연 규제가 시작되었구나. 하지만 곧 치료제도 나오지 않을까? 지금까지 거쳐 간 많은 전염병처럼 이도 곧 끝나겠지. 그렇게 생각하며 대수롭지 않게 넘겼다. 실제로 나는 한국에 코로나가 퍼져 한국인의 입국이 규제됐을 때조차, 호주에는 아무런 영향이 없었다. 여전히 회계 사무실에서 일했고, 새해를 맞아 연봉이 조금 더 올랐고, 아직 남아 있는 연차로 2주간의 해외여행을 계획하고 있었다.

"그럼 남섬은 같이 여행하고 북섬은 혼자 갈게."
"번지점프 할까? 온천도 가자!"

반년 전 싱가포르 이후 오랜만에 같이 하는 여행이었다. 긴 연휴를 쓸 수 없는 언니와 남섬을 여행하고 아쉬운 대로 북섬은 나 혼자 여행하는 루트로 여행을 계획했다. 긴 여행을 준비하는 일은 퍽 설레는 일이다. 미래의 내가 갈 곳을 찾아보며 이동선에 따라 하나하나 숙소와 이벤트를 예약하다 보면 조금씩 다가오는 여행에 대한 기대로 생활에 활력을 준다. 일이 너무 힘든 날은 온천을 예약하고, 지루한 날은 익스트림한 활동을 예약했다. 보너스를 받아 돈이 많이 생기면 고급 숙소를 예약하고, 이번 주는 돈을 많이 썼다 싶으면 캡슐 호텔을 예약했다.

"참, 너 한국은 들어올 거야?"

여행 계획을 다 짜갈 때쯤, 언니가 물어왔다. 그래, 이제 2월이 다가오니 슬슬 5월의 여행을 계획해야 할 때다.

"5월까지만 일하기로 했어. 한국 들어가기 전에 세계여행을 할까 해. 일하기 시작하면 또 그만두기 힘드니까."

나는 일본을 시작으로 한국, 영국, 프랑스 등의 나라를 거쳐 미국과 캐나다를 마지막으로 3개월간의 여행을 계획했다. 나처럼 몇 달을 통째로 뺄 수 있는 사람은 없었기에 저마다 원하는 나라에서 함께하기로 했다. 언니는 이탈리아와 독일, 토끼는 영국, 미나는 미국에서 합류하기로 했다. 토론토에서 한국으로 가는 비행기를 마지막으로 여행은 끝난다.

당장 뉴질랜드 여행이 있었기에 비행기 티켓만 끊고 자세한 계획은 여행 후에 세우기로 했다. 아직 시간은 많으니까. 아니, 많다고 생각했으니까.

2월 중순, 한국에 코로나가 퍼지기 시작했다. 사태의 심각성을 느낀 각 나라의 정부는 한국에도 입국 규제를 걸었다. 공항과 비행기에서 퍼진 코로나로 많은 승무원이 감염되었고, 출국을 꺼린 사람들은 티켓을 취소했으며, 승객을 잃은 비행편은 줄줄이 취소되었다. 그리고 의료인인 언니는 출국 규제를 받았다.

"특별한 사유를 제출하고 병원에 허가를 받아야 한대."

언니는 우는 소리를 내며 말했다. 여행을 떠나기 일주일 전에
생긴 규율이었다. 나는 어쩔 수 없이 계획했던 여행을 혼자 하는 코
스로 바꾸었다. 처음부터 여행사를 끼고 하지는 않았지만 이미 예약
해 놓은 이벤트를 취소하고 숙소도 바꾸어야 했다.

처음 내 삶에 코로나가 들어온 순간이었다.

그래도 여행은 계속된다

히피의 도시에서
3일이 지나면

'제발, 아무 일도 없을 거야, 괜찮을 거야.'

입국 심사가 끝나고 뉴질랜드에 발을 디디며 마음속으로 100만 번을 빌었다. 소매치기를 당하면 어쩌지? 강도를 만나면 어떡하지? 인종차별이 있을까? 갑자기 혼자 있는 숙소에 누군가 침입하지는 않을까? 머릿속을 스쳐 가는 온갖 생각들. 이때만큼은 건장한 남자였다면 싶은 생각이 든다. 여자로 태어났다는 이유로 혼자 하는 여행이 이렇게 무서워야 하나.

언젠가 마음에 번뇌가 있을 때 가진 것 하나 없이 터덜터덜 걸어 절에서 숙식을 해결하며 국내를 여행했다는 이야기를 들었을 때,

나는 처음으로 남자가 부러웠다. 아아, 나도 남자였다면 더 자유롭게 더 많은 곳을 떠돌 수 있을 텐데. 하지만 생각은 여기까지. 여행을 왔으면 할 일을 해야 한다.

"How can I get to the city?"

공항 편의점 직원에게 유심을 사며 물었다. 해외여행의 시작은 대부분 인터넷을 쓸 수 있는 유심을 구입하며 도시로 가는 법을 묻는 데에서 시작된다. 로밍해서 쓸 수도 있지만 아무래도 이편이 훨씬 저렴하게 먹힌다. 주로 3일, 7일, 한 달, 석 달 관광 플랜을 가지고 있어, 1만 원 정도면 일주일 동안 큰 제한 없이 인터넷을 쓸 수 있다.

택시를 타거나 차를 렌트하지 않는다면 도시로 가는 법도 꼭 물어봐야 한다. 우리나라야 신용카드로 버스 카드를 대신하지만, 호주나 뉴질랜드는 대중교통 전용 교통카드가 필요하다. 교통카드도 주마다 달라서, 나처럼 여러 주를 한 번에 여행하는 경우, 같은 나라에서도 여러 교통카드를 구입해야 한다.

유심을 갈아 끼우고 인터넷이 되는 걸 확인한 후, 직원이 알려준 버스에 올랐다. 뉴질랜드 남섬의 끝자락, 퀸스타운으로 향했다. 공항을 둘러싼 산맥은 도시까지 이어졌다. 숙소에 가방을 맡기고 도

그래도 여행은 계속된다

시를 거닐었다. 아니, 도시라고 하기보다 마을에 가까웠다. 예쁘게 색을 칠한 목조 건물들 사이로 파란 하늘 초록초록한 숲과 찰랑이는 바다까지 모든 자연이 이곳에 공존하고 있었다.

　내가 기억하는 나의 가장 어린 시절, 나는 논밭이 가득한 시골 동네에 살았다. 뒷산에는 커다란 들개와 단풍나무가 가득했고, 옆으로는 조그마한 개울이 흘렀다. 여름이 되면 그곳에서 자갈 사이에 물을 만지며 놀았다. 자갈 사이로 흐르는 물은 투명해서 자갈 하나하나가 비쳐 보였다. 그러다 중학생쯤 되었을 때, 산이 깎이고 시멘트가 덮였다. 들개와 나무가 가득하던 곳은 큰 도로와 집들이 들어섰다. 한참 공사를 하기 위해 깎여진 커다란 나무를 보며 빌었다. 멋대로 너희를 깎고, 답답한 시멘트를 덮어 미안하다고. 곧 가까운 곳에 큰 대학 부지가 생겼다. 아파트가 들어서고 여기저기 학교와 상업지구가 생겨났다. 똑같은 땅덩어리에 인구는 계속 줄어만 가는데, 왜 더 많은 부지가 필요한 걸까.

　뉴질랜드는 과연 청정지역이라 불릴 만했다. 건물은 온통 목조 건물에 어디서 둘러봐도 울창한 산맥이 보였다. 내가 살아왔던 고작 20여 년의 세월, 많은 산이 깎이고 시멘트가 덮이던 시간을 비껴가기라도 한 걸까. 파란 하늘 하얀 집, 큼직한 아치형 창들과 살을 빨갛게 칠한 다리, 그 사이로 맑은 하늘이 보였다. 어디를 가도 탁 트인 하늘이 보인다는 게, 이렇게 흔한 일이던가.

길을 따라 걷다 보니 어느 가게 앞으로 길게 늘어진 대열이 보였다. 이 시간부터 줄지어 기다리는 것을 보아, 필시 현지 맛집이 분명했다. 은근슬쩍 대열에 합류해 차례를 기다렸지만, 곧 마음을 접고 돌아섰다. 여행까지 와서 기다리느라 시간을 허비할 수는 없었다.

'대신 이틀 뒤 아침, 오픈 시간에 맞춰 가리라. 기다리지 않고 다 먹어 주지. 완벽한 플랜이야.'

그렇게 생각하며 의기양양하게 돌아섰지만 걸음을 떼기가 무섭게 배가 고팠다. 시간은 벌써 정오가 다 되어가고 있었고, 새벽 비행기를 타고 들어온 탓에 점심까지 변변히 먹은 게 없었다. 나는 바로 옆, 가장 가까운 빵집에서 블루베리 타르트와 커피를 샀다. 과연. 이곳도 웬만한 빵은 다 맛있는 모양이다. 커피는 몇 모금 마시지 못하고 버렸다. 나는 뉴질랜드를 여행하며 단 한 번도 만족스러운 커피를 마시지 못했다.

숙소로 돌아와 체크인을 마치고 예약해 둔 전망대에 올랐다. 울창한 산으로 둘러싸인 바다와 초원, 그 초록초록한 초원 속 알록달록한 색으로 옹기종기 모여있는 집들. 이곳은 낙원인가. 홍콩이나 서울에서 보는 전망이 번쩍이는 현대 문물의 세련된 무채색이라면,

그래도 여행은 계속된다

이곳은 높은 건물 하나 없는, 어디에서 양이 나와도 이상하지 않은 알록달록한 느낌의 마을이었다. 전망대에 (무려 혼자) 술을 마시며 뷔페를 즐기며 밤을 구경했다. 아아, 이래서 사람들은 누군가와 함께 여행을 가나 보다. 연인, 가족, 여행 패키지로 온 단체 손님들이 가득한 가운데, 나 홀로 세상을 따돌리는 기분이라니.

저녁 식사를 마친 후에는 더 돌아보지 않고 숙소로 돌아왔다. 사실 밤의 도시를 구경하고 싶었지만 새까만 밤에 낯선 마을에 막연한 두려움이 일었다. 스산한 느낌, 이유를 알 수 없는 불안함. 안전하지 않다는 경고등이 머릿속에 울리는 듯한 기분. 결국 이튿날 있을 투어를 위해서라고 마음을 달래며 숙소로 돌아와 일찍 눈을 붙였다. 온종일 걷고 돌아다닌 덕분에 잠은 쉬이 들 수 있었다. 여행이란 이렇게 고단했던가!

이튿날, 나는 새벽같이 일어나 죽기 전에 꼭 가봐야 한다는 밀포드 사운드로 향했다. 사실 호주에도 그레이트 오션로드나 핑크호수, 사막, 그리고 작은 섬들까지 꽤 많은 자연 관광 패키지를 갖추고 있었지만, 어느 곳도 그리 큰 감흥을 주지는 못했다. 그러니 한 번 보면 잊지 못할 풍경 같은 건 애초에 기대하지 않았다. 다만 또 언제 뉴질랜드를 오겠는가 하는 마음에 미련을 남기지 않기 위해, 그리고 오랜만에 크루즈 여행을 하기 위해 관광 패키지를 예약했다.

이런 관광 패키지를 예약하면 늘 느끼는 거지만, 영어를 할 수 있다면 현지 사이트를 이용하는 게 좋다. 한국 여행사에서 제공하는 패키지보다 훨씬 저렴하고 좋은 코스를 합리적인 가격으로 구성할 수 있기 때문이다. 나는 코스를 짜기가 귀찮아, 관광 패키지에 있는 그대로 현지 사이트를 찾아 예약했다. 예산은 관광사에서 제시한 패키지 금액의 절반이었다.

장시간의 이동은 피곤했지만 크루즈에서 만난 친구들과 이야기를 나누며 금세 친해질 수 있었다. 덕분에 크루즈에서는 여러 사진을 남기고 맛있는 음식과 맥주를 먹으며 이야기를 나눴다. 두 사람은 내 또래였는데, 꽤 오랫동안 친하게 지낸 형제 같은 사이라고 했다.

"대학을 졸업하고 하는 마지막 여행이야. 돌아가면 경찰로 일할 거야. 나 경찰대를 졸업했거든!"

경찰이라고? 나는 놀라서 물었다. 나보다도 작은 체구. 기다란 생머리에 아담한 여자. 그런 그녀가 경찰이라니! 그녀는 경찰과 경찰을 교육하는 전공이 나뉘어 있고 공무원이라는 건 똑같지만 하는 일은 달라서, 그렇게까지 위험하지는 않다고 설명했다. 그렇게 말하지만, 경찰을 교육하는 만큼 훈련도, 과정도 어려울 텐데. 저 작은 체구 어디에 저런 용기가 있는 걸까?

그래도 여행은 계속된다

패키지 여행을 마치니 이미 어둑어둑한 밤이 되어 있었다. 나는 숙소에 들러 몸을 씻은 뒤, 기념품을 사러 돌아다녔다. 하루 지났다고 그새 익숙해졌는지, 깜깜한 밤을 여행할 용기가 났다. 위험한 연장을 들고 입으로 불을 뿜는 공연을 구경하고 나서야 기진맥진한 몸을 이끌고 숙소로 돌아왔다. 몸살이 나면 어쩌지? 걱정과 함께 온갖 생각이 머리를 스쳐 갔지만 곧 정신이 아득해 왔다.

'왜 여행을 해도 쉬는 기분이 들지 않는 걸까?'

남들은 그렇게 좋다고, 삶의 낙이라고 하는 해외여행이 왜 나는 이리도 고단하게 느껴질까? 무엇을 해야 하는 걸까? 여행이란 무조건 좋은 거라고, 최고의 보상이며 휴식이라고 생각했다. SNS를 보아도 언제나 여행지의 사람들은 세상 행복한 표정으로 예쁜 옷을 입고 활짝 웃고 있었으니까. 여행을 다녀오면 언제나 피곤했지만 나역시 여행을 일종의 보상이라 여겼다. 비행기를 탈 때는 늘 두근거렸고, 새로운 곳에 간다는 미지에 대한 호기심과 막연한 기대가 함께했다. 그런데 지금은 왜 이토록 고단한 걸까?

퀸스 타운에서 보내는 마지막 날, 나는 아침 일찍 일어나 한가로이 항구를 거닐었다. 전날 탄광마을 여행을 마치고 일찍 잠든 탓에 일찍 눈이 떠진 것이다. 점심에는 다음 목적지인 테카포 호수로 이동해야 하지만 그때까지 별다른 일정이 없었다.

'이제 이 마을에서 더는 할 게 없구나.'

평일임에도 이곳의 식당은 북적이고 있었다. 잘 구워진 스테이크의 향과 향긋한 와인 냄새가 풍겼다. 저쪽에서는 수상스키를 즐기고 이쪽에서는 태닝을 하거나 바닷가에서 맥주를 마시며 놀고 있었다. 개운하고 행복한 얼굴, 가벼운 복장, 평일 대낮부터 자유로이 놀고먹는 이들은 꼭 오늘을 사는 히피 같았다. 이곳은 히피의 도시인가? 할 일이 없던 나는 그 속에 끼어 보기로 했다. 바다에 털썩 앉아 가만히 눈에 보이는 것들을 응시했다. 언제 봐도 그림 같은 풍경, 보석처럼 빛나는 물결. 웃고 떠들며 풍류를 즐기는 사람들.

'아, 참 평화롭다.'

세상과 단절된 낙원에 사는 듯한 그들 속에 섞여 나 또한 늘어져 까무룩 잠이 들 것 같은 기분이 들었다. 이 아무것도 아닌 행복한 시공간 속, 달리 무엇이 더 필요할까. 나는 고운 모래 위에 누워 눈을 감고 따사로운 햇살을 받아들였다. 시원한 파도 소리와 달콤한 음식의 향기가 났다. 그곳에는 어떤 긴장감도, 의무도, 고민도 없었다. 모

그래도 여행은 계속된다

래 위에 누워 있는 저들과 한치 다를 것 없는 나, 그리고 아무것도 할 필요 없는 풍요롭고 아름다운 시공간이 있을 뿐. 이곳에서 살아간다면 나도 히피가 될 수 있을까?

하늘나라에 카페 같은 느낌?

테카포 호수는 커다란 호수를 중심으로 아름다운 마을을 이루고 있었다. 도착할 때쯤엔 부슬부슬 비가 내리고 있었다. 시티를 지나온 커다란 버스에서 내려 캐리어를 끌고 곧장 예약해준 호텔을 향해 걸었다. 퀸스타운보다 더 작고, 조용하고, 휴양지라기보다 이름 모를 작은 시골 마을 같았다.

호텔을 예약하기 위해 리셉션에 들어섰다. 키가 큰 흑발의 남자가 서 있었다. 아무리 봐도 뉴질랜드 태생은 아닌데, 이런 시골 마을에도 워킹 홀리데이를 오는 걸까? 그런 생각을 하며 체크인을 위해 차례를 기다렸다.

"Have you made a reservation?"

"Yeah, I've booked a room."

그리고 그는 무언가를 달라고 했는데, 나는 잘 알아듣지 못했다. 패스포트? 아이디? 아, 여권을 말하는 건가.

"Do you mean passport? 旅券ですか?(여권이요?)"

일본인 특유의 えーと 같은 추임새, 일본인이 분명했다.

"そう! 旅券! 日本人かなと思ったんですけどね。(맞아요! 여권! 일본인일까 생각은 했는데 말이죠.)"
"일본인 아니에요, 한국인입니다."

그렇게 얘기하며 나는 여권을 내밀었다. 수속을 처리할 동안 간단한 잡담을 나눴다. 그는 예약한 방의 열쇠를 주며 간단하게 위치를 설명했다.

"아마 찾기 어려울 거예요. 데려다줄게요."

그래도 여행은 계속된다

내가 묵는 방은 호텔 로비와 다른 별채에 있었다. 단층의 별채가 쭉 늘어선 곳, 언뜻 보기에 펜션 같아 보이기도 했지만, 내부는 호텔의 모습 그대로였다. 나는 짐을 풀고 씻은 후 옷을 갈아입고 침대에 누웠다. 아직 대낮이었지만 부슬부슬 비도 오고 있었고, 장시간의 이동에 지쳐 있었다.

'한숨 잘까.' 하지만 지친 몸과 달리 말똥말똥한 정신은 나를 잠들게 내버려 두지 않았다. 잠자리에 드는 대신 온갖 생각들이 머릿속을 떠다녔다. 한국에 남은 친구들은 대부분 대학원에 진학했다. 유학했던 친구들은 대부분 귀국 후 취직하는 길을 택했다. 이곳에 남은 사람들은 호주에 평생 머물기를 희망하는 사람과, 아직 젊고 길이 많아 길을 정하지 않은 채로 걷고 있는 나 같은 사람.

대학을 졸업할 때, 나는 모두와 같은 갈림길에 섰다. 한국으로 돌아갈 것인가? 호주에 남을 것인가? 다른 나라로 떠날 것인가? 나는 당시에 할 수 있는 가장 쉬운 선택을 했다. 한국, 호주, 미국, 일본에 모두 이력서를 내고 가장 먼저 연락이 오는 곳에 남기로 한 것이다. 한국에서도 일본에서도 연락은 왔지만 결국 가장 먼저 호주에 취직이 결정됐고, 나는 그 길을 택했다. 사실 머물고 있는 이 나라에서 가장 먼저 취직이 결정된 것은 어찌 보면 당연한 일인지도.

'하고 싶은 거 제일 많이 하고 사는 것 같은데.'

'어떻게 하면 그렇게 환경에 휩쓸리지 않고 살아갈 수 있어요?'

어느 순간, 호주와 한국과 일본에 적을 두고 살아가는 나는 그런 사람으로 여겨지고 있는 모양이었다. 하고 싶은 대로, 마음 가는 대로 사는 사람. 주변에 휩쓸리지 않고 자신의 길을 가는 사람.

이런 내가 하는 말이 어떻게 들릴지 모르지만, 나는 꽤 환경에 영향을 받는다. 애초에 환경에 휩쓸리지 않는 건 불가능하지 않을까? 어쩌면 나는 훨씬 더 많은 선택을 하고 훨씬 더 많이 휩쓸려서 여기까지 왔을 터였다.

모두가 대학원에 진학할 때, 나 역시 대학원에 진학해야 하나 고민했고, 모두가 본국으로 돌아갈 때 나 역시 돌아가야 하나 무진장 고민했다. 어쩌면 내 환경이 아주 조금만 더 녹록했다면, 혹은 학비가 몇만 불이 아니라 몇천 불이었다면, 나중에라도 별 생각 없이 대학원에 진학했을지도 모르겠다. 하지만 다행히 나는 학업과 일을 병행하는 데에 질려 있었고, 몇만 불이나 하는 학비를 지불할 만큼 배우고 싶은 분야가 없었다. 대신 호주에서 일을 시작했고, 아무 생각 없이 대학원에 진학했다면 배울 수 없었을, 귀중한 경험을 하고, 재미있는 사람들을 만났다고 생각한다.

그리고 당시에 나는 또 다른 갈림길이 도래하고 있음을 느끼고 있었다. 20대에 고민이 많은 건, 할 수 있는 선택이 많기 때문일

그래도 여행은 계속된다

것이다.

결국 나는 자는 걸 포기하고 밖으로 나왔다. 부슬부슬 내리던 비는 그쳤지만, 아직 하얀 구름이 하늘을 덮고 있었다.

'오로라를 볼 생각으로 왔는데, 못 볼 수도 있겠어.'

오로라를 보든 말든 밤까지는 이 고요한 호수에 머물러야 했다. 별다른 조사를 하지 않았던 터라 호텔 로비에서 정보를 얻기로 했다. 현지 호텔 로비만큼 관광지를 잘 알고 있는 곳도 없다.

"저녁까지 할 일이 없는데, 여기서 무얼 하면 좋을까요?"

"보시다시피 평화로운 호수 마을이라 달리 할 만한 액티비티는 없어요. 혹시 커피 좋아하세요? 그러면 여기서 1킬로 정도 거리에 작은 산이 있는데, 그 위에 유명한 카페가 있어요. 커피도 유명하지만, 경치가 정말 좋아요. 등산을 싫어하는 게 아니라면 한번 올라가 보세요. 전망이 아주 예뻐요."

그는 아래에서 약도를 꺼내 가야 할 길을 그려주며 말했다. 과연, 이 정도면 저녁까지 충분한 시간 때우기가 될 법했다. 몸을 움직이면 잡념이 사라진다고도 하지 않던가. 등산은 싫지만, 커피는 아주 좋아해요. 달리 할 일도 없으니 다녀올게요. 나는 펄럭이는 실크 소재의 옷을 입고 하얀 스니커즈를 신은 채로 그려준 길을 따라 걸었다. 핸드폰과 약도만 들고 터벅터벅.

그리고 곧 생각 없이 등산에 나섰음을 후회했다. 걸을 만큼 걸었다 생각했는데 이제야 앞으로 몇 킬로를 오르면 된다는 표지판이 등장한 것이다. 아니, 이제부터 시작이라고? 난 이미 슬슬 지쳐가는데. 그래도 달리 할 일도 없으니 오르기 시작했다. 그래, 조금만 더 가면 된다니 금방 오르겠지. 슬슬 걷다 보면.

하지만 눈앞에는 거짓말을 조금 보태서 수직으로 보이는 산길이 있었다. 아니, 이건 뭐 하늘로 올라가는 길인가? 가파른 경사와 높은 나무에 가려 하늘도 보이지 않았다. 아아, 이 가파른 흙길을 하얀 스니커즈를 신고 올라야 하다니.

얼마나 올랐을까, 나무가 사라지고 초원 같은 길이 나왔다. 여전히 올라갈 길은 끝이 없어 보였다. 여행에 맞춰 구입한 따끈따끈한 스니커즈는 어느새 먼지 구덩이를 뒤집어쓰고 누리티티한 색이 되어 있었다. 아, 이거 맞나? 헉헉거리며 올라가는데 같은 버스에 타고 같은 호텔에 머물러 계속 동선이 겹쳤던 남자가 내려오고 있었다. 그는 내 표정을 보더니 웃으며 말했다.

"ここ抜けたらすごくきれいです。頑張ってください。あと

그래도 여행은 계속된다

少しです。(여기를 벗어나면 엄청 예뻐요. 힘내세요. 조금만 더 가면 돼요.)"

"日本の方?(일본인?)"

갑작스러운 일본어에 조금 놀란 나는 웃으며 고맙다는 인사를 건넸다. 부리부리한 인상이 분명 중국인일 거라 생각했는데, 일본인이었군. 나중에 알게 된 사실이지만 유독 테카포 호수에는 일본인이 많았다. 여행객도 많았지만, 꽤 유명한 일식집이 자리하고 있는 탓에 워킹 홀리데이로 일하는 사람도 꽤 많았다. 외국에 나오면 한국인보다 더 많은 일본인, 그보다 더 많은 중국인을 볼 수 있다. 우리나라의 몇 배는 되는 인구를 가지고 있으니, 어찌 생각하면 당연한 일인지도.

나는 선천적으로 폐활량이 적었다. 딱히 병이 있는 건 아니지만 어릴 때 간호사가 분유를 잘못 먹여 많이 아팠다고 한다. 그 때문인지 폐활량 검사를 하면 일반인의 70% 정도밖에 되지 않았고, 유산소 운동을 조금만 해도 금방 숨이 가빠졌다. 이를 핑계로 평소 운동을 극도로 피한 탓에 폐활량은 언제나 제자리걸음. 그 때문인지 등산을 할 때도 땀 한 방울 흘리지 않으면서 숨은 이제 막 전력 질주를 마친 사람마냥 몰아 쉬게 된다. 보이는 사람마다 나한테 힘내라며 따스한 말을 건네는 건 아마 이 때문이다. 심지어 벤치에 앉아 쉬던 노부부도 내게 말을 건넸다.

"You are almost there! You can do it!"

아니, 저 정말 멀쩡해요. 숨이 좀 찰 뿐이라고요. 하지만 그렇게 말하기에는 숨이 가빠, 간신히 고맙다는 인사를 하며 계속해서 산을 올랐다. 내가 부축해 드려야 할 것 같은 분들에게마저 안쓰럽게 보이는 건 좀 서글프지만 그래도 처음 보는 동양 여자를 위로할 만큼, 이곳은 따뜻했다.

많은 사람의 응원을 받으며 도착한 정상에는 아스트로라는 이름의 하얀 카페가 있었다. 정말 산꼭대기에 위치한 그곳에서는 어디가 경계인지도 모를 광활한 자연이 내려다보였다. 꼭 이륙하는 비행기에 있는 듯한 기분. 나는 카페에 들어가 따뜻한 음료를 주문했다. 커피를 내리는 사람들을 보며 나는 측은한 마음에 물었다. 그럼 너희는 매일 이 길을 오르는 거니?

"아, 우리는 차를 타고 통근해. 사실 반대 쪽에 도로가 있거든."

아, 그래. 그럼 그렇지. 커피를 받아들고 나와 사진을 찍었다. 산 정상은 스산했고, 바람이 불었다. 얼른 찍고 들어가지 않으면 얼어 죽을 지경. 하얀 돌로 만든 테이블에 커피잔을 올리고 사진을 찍

그래도 여행은 계속된다

었다. 흐린 날이라 그런지 곳곳에 구름이 가득해, 꼭 하늘에 올라와 있는 기분이 들었다. 하늘나라에 카페 같은 느낌?

스물일곱,
나를 위해 떠나야 한다

'자살이요?' 나는 어떤 말을 해야 할지 몰라 잠자코 있었다.

"네, 그 길로 일본을 떠났어요. 다른 회사에 들어갈까 생각도 했지만, 일본에 있는 이상 어디를 가든 그리 다를 것 같지 않았거든요."

고구마튀김을 마요네즈에 찍어 입에 넣었다. 이 잔혹한 이야기를 듣는 순간에 이런 달콤한 맛이 나다니. 마요네즈는 희대의 발명품이 분명하다. 나는 앞에 있는 와인을 조금 들이켰다.

산에서 내려오자 슬슬 해가 지기 시작했다. 나는 밥도 먹을 겸 다시 로비로 돌아가 이번에는 근처에 유명한 레스토랑을 물었다.

당연하게도 여행하는 동안 내내 양식만 먹은 나는 뭐든 좋으니 쌀이 먹고 싶었다. 그는 마침 유명한 일식집이 있다고 추천하며, 몇 시간이면 일이 끝나니 괜찮다면 술을 사겠다 제안했다.

"그럼 바로 뉴질랜드로 오신 거예요?"
"아니요, 처음에는 호주로 갔는데 반년도 안 돼서 나왔어요."

그는 호주에 안 좋은 인상이 있다고 했다. 필리핀에서 1년간 어학연수를 마치고 호주에 도착했건만, 호주의 영어를 알아들을 수 없었다고. 그는 입국 심사를 하며 뭐라 말을 거는 직원에게 당당하게 '영어로 말해 줄래?'라고 말했고, 직원은 무척 상기된 얼굴로 화를 냈다고 했다. 나는 그 말을 듣고 한동안 웃음을 멈출 수 없었다.

"미안해요, 너무 웃겨서요."

사실 호주는 지역에 따라 발음도 억양도 많이 달라진다. 여러 사람이 섞여 있는 멜버른이나 시드니는 좀 낫지만, 그 외 지역, 특히 시골로 갈수록 나도 못 알아들을 만큼 심한 방언을 쓴다. 문제는 필리핀도 만만치 않다는 것이다. 내가 그의 영어를 바로 못 알아들은 건 그 특유의 발음 때문이었다. 말하자면 방언과 방언이 만나 서로

그래도 여행은 계속된다

못 알아들으며 '영어를 쓰라고!' 싸운 셈이니, 너무 웃기지 않은가.

"그럼 계속 여기 있을 건가요?"

"아니요, 여기서는 내년까지 일하고 캐나다로 갈 거예요. 캐나다에 있는 여자친구와 함께 살려고요."

이제 막 30대에 접어든 그는, 캐나다에서 대학원을 졸업하고 자리를 잡을 계획이라고 했다. 일본에서의 첫 직장, 입사할 때는 꽤 건실했던 IT기업. 하지만 몇 년 뒤 큰 위기를 맞았고, 그 중압감을 견디지 못한 사장은 회사에 목을 매달고 말았다. 그는 충격에 빠져 한동안 집에 틀어박혔다. 그리고 일본을 떠났다.

"하지만 언젠가 일본으로 돌아갈 거예요. 부모님도 있으니까요."

하긴. 나 또한 비슷한 이유로 호주에 영주하는 것을 꺼렸다. 무슨 일이라도 생기면 당장 가볼 수도 없는 거리. 아무리 빨라도 비행기 예약부터 꼬박 하루는 걸려야 한국에 갈 수 있는 거리. 덕분에 1년에 한 번 보면 많이 보는 수준이었다. 언젠가 돌아오더라도 계속 여기 있을 수는 없겠지.

"이제부터네요."

"이제부터죠."

그는 다음 날 다음 지역으로 이동하는 나를 배웅해 주었다. 우리는 번호를 교환하고, 간혹 연락하는 친구가 되었다. 그리고 크라이스트처치_Christchurch_에서 북섬으로 이동할 때쯤, 호주의 친구들을 통해 호주의 소식을 들었다.

'야, 여기 아무것도 없어. 큰일 났다.'

대체 무슨 말이지? 나는 이해할 수 없었다. 친구들 말로는 호주에 확진자가 들어오면서 코로나가 퍼지기 시작했다고. 그런데 그게 뭐 어쨌다는 거지? 그때까지 감기와 다를 바 없다고 생각한 나는 멀리 있는 나를 놀리는 거라 생각하며 대수롭지 않게 여겼다.

여행을 마치고 멜버른에 돌아왔을 때, 나는 비로소 그 심각성을 깨달았다. 그 여파는 공항에서부터 시작됐다. 감기와 비슷한 증상이 있거나, 최근 3개월 동안 특정 국가에 체류한 기록이 있으면 비행기에 오를 수 없었다. 공항 여기저기에 자동 체온 측정기가 설치되어 있었고, 자동 입국 심사 대신 꼼꼼한 시트를 작성 후 검열을 받고 나서야 게이트로 나올 수 있었다.

그래도 여행은 계속된다

'아, 이게 대체 무슨 일이지?'

더 심각한 건 도시의 내부 사정이었다. 여행에서 돌아와 마트를 방문한 나는 어이가 없어 멍하게 서 있었다. 휴지도, 생리대도, 라면도 없었다. 어느 마트를 가도 생필품은 모조리 솔드아웃*sold-out*. 텅텅 비어 꼭 재난 영화를 보는 기분이었다. 좀비라도 출몰한 것처럼, 재해를 피해 꼭꼭 숨는 피난민 마냥 사재기하는 사람들 덕에 공급은 수요를 따라가지 못했고, 인터넷에는 두루마리 휴지를 하나당 100불에 팔고 있었다. 이게 무슨 일이지?

뉴스에서는 텅 빈 생필품 코너를 바라보며 눈물을 흘리는 노인의 모습이 담겼다. 안타까운 마음과 어리석고 이기적인 현대인의 모습에 화가 났다. 이토록 많은 문명을 이루어도 사람들은 바뀌는 게 없었다. 당장 어떻게 되는 것도 아닌데, 자기들만 편하게 살겠다고 사재기를 하다니. 곧 심각성을 인지한 정부는 인당 구매 개수를 제한하기에 나섰지만, 너무 늦었다. 이미 가격은 뛰었고, 공급은 부족했다. 우스운 건, 이 사재기 현상이 일어난 곳은 호주를 비롯한 소수의 선진국뿐이라는 점이다. 한국도, 일본도 마스크를 구하기는 어려웠을 뿐, 이 정도의 재난 영화를 구현하지는 않았다. 아니나 다를까, 이를 우습게 바라보는 외국의 시선도 함께 보도되었다. 얼마나 우스울까? 복지의 대명사, 밴쿠버와 살기 좋은 도시 1, 2위를 다투는 선진국이 이 모양 이 꼴이라니.

　심각한 건 회사도 마찬가지였다. 많은 사람이 모여 일하는 오피스 타워만큼 전염병이 퍼지기 쉬운 곳은 없었다. 조금이라도 감기 증상이 있는 사람들은 출근할 수 없었고, 모두 병가로 처리되었다. 이런 형국이 되자, 비자를 받아 일하던 외국인들은 겁을 먹고 모두 자기 나라로 돌아가기 시작했다. 덕분에 비행기 삯은 하늘을 향해 치솟았다. 몇 주 뒤, 정부는 한 건물에 100명이라는 제한을 걸었다. 20층이 넘는 빌딩, 몇백 개의 오피스가 자리한 빌딩에서 100명의 제한은 문을 닫으라는 말과 진배없었다. 회사는 정부의 명령이 풀릴 때까지 무기한 휴업에 들어간다 공표했다. 물론 처리할 업무가 남아 있는 우리는 선택적 출근이 가능했지만, 언제 완전한 휴업에 들어갈지 모를 일이었다.

　인생에서 이런 재난을 겪을 확률이 얼마나 될까? 내 생에 이런 일을 겪으리라 상상이나 했던가. 세상은 생각보다 알 수 없는 일이 벌어지기 쉽다는 걸 처음 알았다. 사람은 위기에 순간에 스스로 원하는 걸 알게 된다고 했던가. 지금까지 고민하던 대부분은 모두 하찮은 일이 되어 있었다. 계속되는 확산에 호주는 국경을 걸어 잠그기 시작했고, 외국인의 입국을 금지했다. 태우고 올 승객이 없는 비행기는 줄줄이 취소되었고, 외국인들은 꼼짝없이 도시에 갇히고 말았다. 이건 더는 단순히 돈을 벌고 생활하는 생계의 문제가 아니

그래도 여행은 계속된다

었다.

'뭐야, 나 여기 갇힌 거야?'

더 이상 이곳은 청정지역이 아니었다. 아니, 그보다 더 심각했
다. 워낙 청정지역으로 안일하게 있던 탓에, 마스크도 생필품도, 재
난에 대한 정부에 대처도, 심지어 의료 키트와 시설도 부족했다. 사
람들은 정부에서 지정한 증상 없이는 의심이 가도 검사를 받을 수 없
었다. 곧 모든 국민의 자가 격리가 시작되었다. 주 정부는 모든 주민
에게 최소한의 외출을 제외하고 2주 동안 집에서 나오지 않을 것을
공표했다. 최소한의 외출이란 생필품을 사기 위한 장보기였다.
　이때 내게 든 생각은 단 하나, '돌아가야 한다'는 사실이었다.
8,000킬로나 떨어진 섬에 갇혀 지낼 수는 없었다. 그간 갈팡질팡하
던 마음은 어느새 사라지고, 어서 이곳을 벗어나야 한다는 생각만이
가득했다. 내 청춘을, 얼마 남지 않은 20대를, 이 섬에서 다 보낼 수
는 없었다.
　물론, 이 사태가 영원하지 않으리라는 건 잘 알고 있었다. 언
제나 그렇듯 인류는 이 바이러스를 이겨내고 새로운 문명을 만들어
갈 터였다. 바닥을 치고 떨어지는 주가는 언제 그랬냐는 듯 원상 복
귀를 넘어 새로운 기록을 세우고, 사람들은 그때가 기회였다는 말을

하며 무용담을 늘어놓겠지. 그 무용담 속, 끝날 때까지 가만히 기다렸어, 라는 말은 너무 시시하지 않은가. 그보다는 위기 속에 새로운 도전과 성공을 거머쥐는 편이 훨씬 멋있고, 훨씬 재밌을 거야.

그날부터 나는 비행기를 알아보고 빠져나갈 방법을 궁리했다. 얼마 남지 않은 20대를 집에서 정부의 용돈이나 받으며 허비할 수는 없다. 훗날에 내가 지금을 돌이킨다면 얼마나 공허하겠는가? 20대의 기억 한쪽이, 가장 요란해야 할 20대의 후반이 겁에 질려 방 한켠에 틀어박혀 지내는 방구석 생활이라니!

나는 닥치는 대로 비행기 표를 예약했다. 정부의 규제가 점점 심해지면서 각종 국가의 비행편이 취소되고 있었다. 내가 예약한 비행편도 마찬가지였다. 네 곳을 예약했지만 전부 취소되었고, 결국 한국으로 가는 어떤 비행편도 구할 수 없었다. 심해지는 규제에도 코로나는 쉴 새 없이 퍼져나가기 시작했고, 각 주 정부는 주 간의 이동을 규제하기에 이르렀다. 주를 이동할 때도 격리를 해야 한다고 공표한 것이다. 이로써 정말 돌아갈 길이 막히고 말았다.

멜버른은 한국 직항이 없다.

그래도 여행은 계속된다

고립된 도시에서
날아오르다

어쩔 수 없이 방구석 생활이 시작되면서 내가 얼마나 무력한 존재인지를 통감해야 했다. 이런 비상시에 비행기 하나 띄울 힘조차 없다니. 이 얼마나 하찮은 존재인가. 다리가 있어도 가고자 하는 곳에 갈 수 없고, 손이 있어도 일할 수 없고, 머리가 있어도 좋은 생각이 떠오르지 않았다. 친구를 만날 수도, 놀러 갈 수도 없었다. 손과 발이 묶여 아무것도 할 수 없는 삶 속에, 멈춘 것 같은 거대한 시간만이 아주 천천히, 흐르고 있었다. 다행히 남은 연차와 퇴직금이 몇 달간 들어오는 터라 일을 하고 있지 않아도 돈을 벌고 있는 상태였지만, 타의에 의해 그 무엇도 할 수 없는 일상은 정신적으로 꽤, 아주 많이 힘들었다.

그래도 그나마 버틸 수 있었던 건 회사를 그만둔 후에도 나를 챙겨주던 사람들 덕분이었다. 특히 내 직속 상사였던 데이비드는 간혹 나를 찾아와 간식거리를 전해주고는 했다. 당시에는 자동차까지는 심하게 규제하지 않아, 차를 가진 사람들은 물건이나 음식을 사러, 혹은 남은 일을 마무리 짓기 위해 도시로 출퇴근할 수 있었다. 하지만 이마저도 뚜벅이인 나는 영락없는 감옥살이. 그런 상황을 헤아린 동료들이 간혹 찾아와 간식을 전해주거나 커피를 사주었다.

"비행기는 예약했어요?"

또 캔슬 됐어요. 나는 웃으면서 대답했다. 한두 번도 아니고, 이제는 직항밖에 답이 없다는 걸 알고 있으면서도 이미 예약해둔 티켓에 미련을 버리지 못했다.

"빨리 돌아가야 할 텐데, 아무것도 못 하고 갇혀 있어서 더 힘들겠어요."
"그래도 덕분에 커피를 얻었잖아요."
"커피 정도는 얼마든지 사줄게요. 추운데 얼른 들어가요."

커피를 주문하고 받을 때까지의 시간이, 누군가를 만나 대화

그래도 여행은 계속된다

할 수 있는 시간의 전부였다. 사회적 거리 두기는 가족을 제외한 사람과의 접촉을 심하게 규제하고 있었고, 밖에서 누군가와 함께 있는 것만으로 마음이 불편할 만큼 사람들은 예민해져 있었다. 도시에는 경찰이 순찰을 돌며 돌아다니는 사람들에게 주의를 주거나 벌금을 부과했다.

위기만큼 사람의 진가를 발휘하는 때가 있을까? 재난만큼 많은 사람의 맨얼굴이 드러나는 상황도 없을 것이다. 도시의 록다운 lock-down이 결정되고, 정부의 지시에 따라 회사가 무기한 휴업에 들어갈 것을 공표했을 때가 그랬다. 무기한 휴업과 더불어 이번 코로나 사태로 인해 직장을 잃은 사람들에게 정부가 용돈을 지급하기 시작했고, 많은 사람이 자진해서 사표를 냈다. 용돈이라 표현했지만 한 달에 200만 원 정도는 되는, 이른바 생계 유지비의 지급이었고, 사람들은 무기한 휴업으로 연차를 쓰며 기다리는 것보다, 퇴직금과 연차를 받아 퇴사한 뒤 정부의 용돈까지 챙기는 길을 선택했다. 그 광경은 아주 이기적인, 사재기만큼이나 섬뜩한 모습이었다.

"왜 우는 거니?"

출근 마지막 날, 오너와 면담을 하며 나는 마음에 담은 말을 하지 못하고 울었다. 회사에서 운 건 그때가 처음이자 마지막이었을 것이다. 나는 대답하지 못하고 고개를 저었다. 무언가 위로의 말을 전하고 싶었다. 갑작스러운 재난은 모든 사람을 힘들게 했지만, 재정적인 아픔보다 자신의 이익을 우선하며 요구하는 사람들의 태도에 받았을 상처가 슬펐다. 가정을 위해, 혹은 자신을 위해 하는 선택을 이해하면서도 꼭 그래야 했을까, 라는 생각을 하게 되는 건 어쩔 수 없었다. 그럼에도 남는 사람과 빠르게 자기 것을 챙기고 발을 빼려는 사람. 같은 상황 같은 조건에, 다른 선택을 하게 되는 이유는 무얼까. 그들은 자기 한 사람의 선택이었지만 오너는 몇십 명의 사람들을 그렇게 보내야 했다. 이미 몇백 명을 보고, 겪어온 경영자라 할지언정, 아무렇지 않을 수 있을까. 흔들리는 기색 없이 그 자리를 지켜야 하는 이 사람은 어떤 기분일까.

"너, 나를 위해 우는 거구나."

아무 말도 하지 못하는 나를 보며 그는 말했다. 자기는 괜찮으니 걱정하지 말라고. 현금이 필요하면 가진 부동산을 몇 개 처분하면 되고, 비즈니스가 어려워지면 몇 개 접으면 된다고. 그는 되려 우는 나를 위로했다. 어쩜 그럴 수 있을까. 지금 누구보다 힘든 사람은 당신일 텐데. 실제로 그는 퇴직을 희망한 모든 사람의 요구를 차례로 들어주고, 전액 현금으로 지급하라고 지시했다. 그는 여느 때와 전혀 다르지 않은, 편안하고 가벼운 모습이었다.

중심이 흔들리면 전체가 흔들린다는 걸 그는 알고 있었다. 그들도 살길을 찾아갈 뿐이었음을 이해하고 있었다. 오랜 기간 함께한 그들을 위해 그가 해줄 수 있는 최선을 했다. 사실, 밑에 있는 직원이 입을 피해라고 할 건 없었을 것이다. 일한 만큼의 돈을 받았고, 정부에서 제공하는 모든 복지를 누렸으니까.

아이러니하게도 재난에서 가장 힘들었을 사람이, 가장 사람다운 모습을 하고 있었다.

귀국한 후에도 나는 가끔 그때의 일을 떠올린다. 그리고 생각해 본다. 나라면 그 사람처럼 행동할 수 있을까? 아무리 힘들어도 흔들리는 모습을 보이지 않고 이성적인 판단과 지시를 내리며, 떠나는 사람들에게 자산을 깎아가며 도리를 다하고, 내 앞에서 우는 어린 직원의 마음마저 헤아리는 사람이, 나는 될 수 있을까. 당신은 어떤 마음이었을까.

그 후 한 달 정도 지나서야, 나는 전세기를 타고 한국으로 돌아올 수 있었다. 호주에 갇혀버린 많은 사람의 요청이 쇄도하자, 영사관에서 한국 항공사에 전세기를 띄워 달라는 요청을 보낸 것이다. 티켓은 바로 돌아오는 금요일에 열렸고, 나는 간신히 티켓을 예약했다. 갇혀 있던 공간을 벗어나 택시에 짐을 실었다.

"툴라마린 국제 공항이요."

이른 아침 새벽에 스산한 공기를 마시며 말했다. 어느새 멜버른의 겨울이 오고 있었다. 공항에 도착해 짐을 빼고 수속을 밟았다. 중상을 체크하고, 짐을 부치고, 게이트로 향했다. 게이트는 사람들로 북적였지만, 신난 사람은 한 명도 없었다. 그곳은 내가 본 공항 중 가장 차분했다.

한국에 도착해 정해진 택시를 타고 정해진 숙소로 향했다. 격리를 하는 2주간, 그리고 그 후 몇 달이 지나도록 나는 위화감을 느꼈다. 내가 정말 한국에 돌아온 걸까? 내가 있을 곳이 아닌 것 같은 느낌. 줄곧 임시 숙소에 있는 것만 같은, 언젠가 떠나야 할 것만 같은 기분. 나는 돌아왔는데, 돌아가야 할 것 같은 이상한 기분이 들었다. 그럴수록 책을 읽고, 수업을 듣고, 운동하며 쉴 새 없이 일정을 만들었다.

하지만 일정을 끝내고 집에 돌아오면, 오랜만에 여유가 생기면, 혼자 밥을 먹거나 잠자리에 누울 때면, 결국 똑같은 질문으로 돌아왔다.

'나는 어디로 가야 할까? 무얼 하고 싶은 걸까?'

그래도 여행은 계속된다

한국에 오면 꼭 해야 할 목록들을 다 끝냈을 즈음, 결국 나는 떨쳐내는 것을 포기하고 가만히, 성실히 이 질문에 답하며 살아가기로 했다. 어떤 심리학 강의에서 자아와 정체성에 대한 이야기를 들은 적이 있다. 본질적인 자아는 정의하는 것이 아닌 만들어가는 거라고 말이다. 결국 우리는 태어난 의미를 찾기 위해 태어난 것이 아니라 만들어가기 위해 태어났다는 이야기다.

어떤 가치를 추구하고, 어떤 표정을 짓고, 어떤 말을 하고, 어떤 일을 하며 살아갈지 그 모든 것이 나에게 달렸다.

그 후로 나는 하고 싶었던 것들을 하나씩 하기 시작했다. 새로운 외국어를 공부하고, 글을 쓰고, 그림도 그리고, 운동을 배우고, 블로그를 운영하고, 아이들을 가르치고, 평범한 회사에 입사해 평범한 생활도 해보았다. 무언가 부족한 듯한 느낌이 채워질 수 있는, 내가 좋아하는, 원하는 삶을 찾아 계속 시도했다.

그러다 어느 날, 여느 때처럼 일하던 중 헤드헌터에게 연락을 받았다. 일본 현지에 살며 일을 해보지 않겠냐는 제안이었다.

다시 외국에서 살고 싶은가 생각하면, 사실 사는 곳은 어디든 상관없었다. 언어의 장벽을 허물면 어느 나라에 가든 비슷한 삶을 유지할 수 있다는 걸 알고 있으니까. 일본이든 한국이든 호주든 내게 크게 다를 건 없었다. 어디서든 일을 할 수 있고, 잘 살아갈 수 있을 거라는 확신이 있기 때문이다.

조금 달라진 게 있다면 이제는 반짝이는 미지의 세계를 향한 두근거리는 모험에 이끌리기보다 소소하고 잔잔한 행복을 찾아가고 있다는 것이었다. 이제 막 긴 모험을 끝마쳤기 때문인지, 여느 사람들처럼 나이가 들어가며 안정을 찾는 탓인지는 모르겠으나, 앞으로 5년, 10년이 더 지난다면 그때는 한 나라에 뿌리를 내리지 않을까 하는 생각이 들었다.

'떠나려면 지금이다.'

지금 떠나지 않고 2년, 3년이 더 흐른다면 나는 해외여행을 갈지언정, 긴 외국살이를 택하지 않을 것이다. 그런 느낌이 들었다. 나는 조금씩 그렇게 변해가고 있었다. 그렇다면 정말 긴 안정을 찾기 전에, 아직 조금이라도 두근거리는 모험에 대한 관심이 남아 있을 때 떠나야 하지 않을까?

그날 저녁, 나는 전자 서명을 한 계약서와 함께 회신을 남겼다.

"며칠에 떠나면 될까요?"

그래도 여행은 계속된다

스물일곱,
나를 위해
떠나야 한다

초판 1쇄 인쇄 · 2022년 5월 20일
초판 1쇄 발행 · 2022년 5월 27일

지은이 · 김지윤
펴낸이 · 천정한
펴낸곳 · 도서출판 정한책방

출판등록 · 2019년 4월 10일 제2019−000037호
주소 · (서울본사) 서울 은평구 은평로3길 34-2
　　　　(충북지사) 충북 괴산군 청천면 청천10길 4
전화 · 070−7724−4005
팩스 · 02−6971−8784
블로그 · http://blog.naver.com/junghanbooks
이메일 · junghanbooks@naver.com

ISBN 979-11-87685-64-7 03190